La famille et l'impôt

Collection

L'Univers des Normes

Sous la direction de

La collection « L'Univers des Normes » contribue à l'exploration des doctrines politiques et de la doctrine juridique par la publication de thèses, d'essais et de colloques. Elle propose, en droit privé, en droit public et en histoire du droit, d'allier technique juridique et réflexion doctrinale autour de thèmes tels que l'élaboration du droit, son contenu et son application. Elle permet, en théorie politique et théorie du droit, de présenter des élaborations philosophiques qui s'efforcent de penser les questions de la norme, de la justice et du lien social.

Derniers titres parus

Michel Raséra (dir.),
La responsabilité du gestionnaire public local. Actes du colloque franco-algérien organisé à Rennes les 25 et 26 octobre 2007 par la Chambre régionale des comptes de Bretagne, 2008, 288 p.

Nathalie Hervé-Fournereau (dir.),
Les approches volontaires et le droit de l'environnement, 2008, 330 p.

Mathieu Doat, Jacques Le Goff et Philippe Pedrot (dir.),
Droit et complexité. Pour une nouvelle intelligence du droit vivant, 2007, 254 p.

Annie Cudennec (dir.),
Le droit pénal et la mer, 2006, 200 p.

Ludovic Chevalier (dir.),
Le politique et ses normes. Les débats contemporains en philosophie politique, 2006, 208 p.

Servane Carpi-Petit,
Les successions en droit administratif, 2006, 344 p.

Wagdi Sabète,
Pouvoir de révision constitutionnelle et droits fondamentaux. Étude des fondements épistémologiques, constitutionnels et européens de la limitation matérielle du pouvoir constituant dérivé, 2005, 320 p.

Renaud Colson (dir.),
La prohibition des drogues. Regards croisés sur un interdit juridique, 2005, 144 p.

Jean-Paul Maréchal,
Éthique et économie. Une opposition artificielle, 2005, 166 p.

Sous la direction de
Ludovic Ayrault et Florent Garnier

La famille et l'impôt

Actes du colloque de Clermont-Ferrand
9 et 10 juin 2005

Presses universitaires de Rennes
Collection « L'Univers des Normes »
2009

UHB Rennes 2 – Campus de La Harpe
2, rue du doyen Denis-Leroy
35044 Rennes Cedex

www.pur-editions.fr

Mise en page : Marion Hummel pour le compte des PUR

ISBN 978-2-7535-0646-6
Dépôt légal : 1e semestre 2009

Avant-propos

Albert RIGAUDIÈRE
Membre de l'Institut
Professeur émérite de l'Université Panthéon-Assas Paris 2

Au cœur de l'État de tous les temps et à la croisée de toutes les disciplines, l'impôt constitue en permanence un thème mobilisateur de recherche et de réflexion, toujours porteur d'innovation et de modernité. Conscients de l'attention renouvelée que lui témoignent les historiens depuis quelque vingt ans et forts des solides travaux que lui ont toujours consacrés les juristes, Florent Garnier talentueux historien du droit et Ludovic Ayrault publiciste distingué ont uni leurs efforts pour convier à travailler ensemble historiens, juristes, économistes, sociologues et praticiens sur la fiscalité dans tous ses états. Ils l'ont fait en organisant trois premiers et beaux colloques dont le présent recueil rend compte dans les moindres détails.

Aussi attentifs à décrypter avec acribie le riche passé de l'impôt qu'à lire son actualité brûlante avec la prudence de mise en pareil cas, ils ont su inscrire ces trois manifestations sur la longue durée et dans le sillage des multiples travaux en cours. Trois grands moments de réflexion qui font écho aux belles recherches conduites, depuis plus de dix ans, par la dynamique équipe franco-espagnole sous la direction de Denis Menjot et Manuel Sanchez Martinez. Entièrement vouée à l'étude de la fiscalité des villes du pourtour méditerranéen au Moyen Âge, elle a su redonner toutes ses lettres de noblesse à une histoire fiscale trop longtemps délaissée. À partir de ces recherches, enraciner la réflexion dans le temps médiéval ne pouvait être qu'un point de départ. Des voies plus vastes s'ouvraient, qu'invitaient à emprunter les nombreux travaux réalisés en ce domaine, depuis 1987, sous l'égide du Comité pour l'Histoire économique et financière de la France. Ouverts à toutes les époques et consacrés aux aspects les plus divers de la fiscalité – qu'il s'agisse d'histoire, de technique ou de politique – ils offraient un précieux fil d'Ariane pour dévider, en colloques successifs, l'écheveau comme emmêlé à plaisir d'une histoire perpétuellement mouvante de l'impôt et de la genèse souvent laborieuse de son droit.

Les trois colloques qui rythment les années 2005, 2006 et 2007 suivent fidèlement les voies actuellement empruntées par la recherche dans le domaine de l'impôt. Ils en épousent toujours étroitement les thèmes dominants. Souvent aussi, ils les dépassent.

Pour cela, il convenait d'ouvrir de nouvelles perspectives et d'aborder des thèmes neufs, ou à tout le moins encore mal explorés. Voilà qui fut admirablement fait. Orienter, dans un premier temps, la réflexion vers *La famille et l'impôt*, c'était choisir un thème aussi mobilisateur que fédérateur. Redoutable levier de modulation de la société, l'impôt enserre puissamment la famille dans ses rets. Il suscite réactions, débats, contestations au sein de ses membres. Il contribue puissamment à déterminer la forme du groupe familial et soumet à ses exigences, selon des modalités variées, conjoints, mari, femme et enfants. Autant de points d'ancrage qui ont permis de jeter un coup de projecteur neuf, dans l'espace et dans le temps, sur les différents traitements que la politique fiscale réserve à cette unité si fragile qu'est la famille. Occasion aussi de prendre conscience de la pérennité de certaines solutions retenues et de relativiser tout autant la nouveauté que la portée de politiques trop souvent présentées comme innovantes.

Inviter en 2006 les inconditionnels de la recherche sur la matière fiscale à se pencher sur le thème de *La religion et l'impôt*, fut une initiative particulièrement heureuse au lendemain du centenaire de la loi de 1905. Nul chercheur portant son regard sur les systèmes fiscaux, quelle que fût sa sensibilité politique ou religieuse et quels que fussent ses centres d'intérêt, ne pouvait rester indifférent à un tel champ de réflexion qui déborda largement les frontières de l'hexagone à travers les siècles, tout en transcendant religions et systèmes politiques. De l'Antiquité à l'époque la plus contemporaine, de l'Europe à l'Amérique, des terres de chrétienté aux pays d'Islam, sans négliger les mouvements à caractère sectaire, rien de tout ce qui tantôt tisse un lien étroit entre religion et impôt ou tantôt les sépare, n'a échappé à la réflexion des participants de ce second colloque. Et chacun a su s'interroger à sa manière sur cette évolution multiséculaire qui, prenant d'abord appui sur une religion qui fonde et légitime l'impôt, s'en sépare progressivement pour lui donner existence strictement laïque avant que ne sonne, en bien des pays et au cours de ces dernières décennies, l'heure d'abandon d'une certaine forme de laïcité fiscale. Curieux dessein de l'histoire et surprenant regard en arrière d'un droit positif comme nostalgique de son passé !

Il l'est toujours par les mots et le poids de la sémantique comme l'atteste avec vigueur le riche programme du colloque de 2007 consacré au *Passé et présent du discours fiscal en Europe*. Manière de conclure ces trois riches années de réflexion collective ? Certes. Mais pas seulement, tant un discours en apparence récurrent et à première vue suranné permet souvent de rendre compte de la réalité d'un système solidement enraciné, parfaitement structuré et pleinement opératoire. Qu'il soit de légitimation, de justification ou de contestation – et à condition de savoir en capter fidèlement les messages – le discours fiscal vaut toujours miroir fidèle de la politique des gouvernants et de l'attitude des assujettis à l'impôt. Mieux que l'étude des structures, il a permis à chacun de saisir sur le vif le fonctionnement au quotidien du prélèvement fiscal depuis le temps de la Rome impériale jusqu'à l'heure de nos États les plus contemporains.

Que Florent Garnier et Ludovic Ayrault, valeureux collègues et amis très chers, en soient tout autant chaleureusement félicités qu'ils en soient, du fond du cœur, très vivement remerciés par nous tous.

Introduction

Ludovic AYRAULT
Professeur de droit public – Université de Rennes 1

Florent GARNIER
Professeur d'histoire du droit – Université d'Auvergne

Encore trop souvent délaissés, les liens entre la famille et la fiscalité méritaient d'être évoqués et des hypothèses formulées tant d'un point de vue historique qu'à la lumière du droit actuel et de son évolution. La loi n° 2207-1223 du 21 août 2007, dite loi TEPA, a apporté des modifications importantes avec notamment l'exonération du conjoint survivant des droits de succession. Cette mesure illustre les rapports étroits entre l'impôt et son appréhension de la famille. Aujourd'hui comme hier, le fisc prend en considération la cellule familiale, ses revenus et son patrimoine.

Les acceptions de la notion de famille apparaissent diverses dans le temps et dans l'espace. Pour l'ethnologue, le sociologue, l'économiste ou encore le juriste, la définition de la famille n'est pas toujours identique selon qu'elle repose par exemple sur le clan totémique, le mariage, la prépondérance de l'homme ou encore sur les liens biologiques de consanguinité. À s'en tenir à la tradition juridique occidentale, sa conception a évolué depuis le droit romain. Elle a été et elle demeure une composante essentielle de la société. Elle est appréhendée aujourd'hui au sein de la société de manière relative avec la famille patriarcale, la famille conjugale et la famille alimentaire. On envisage encore la famille nucléaire et la famille élargie. Le doyen Carbonnier évoquait ainsi le « principe de la pluralité des types[1] ». Sa formation et son organisation, notamment au regard du patrimoine et de la parenté, n'ont pas laissé indifférents les détenteurs du pouvoir d'imposer. Le fisc ne pouvait pas être tenu longtemps éloigné de la famille qu'il s'agisse de ses revenus, de son capital ou de ses dépenses[2]. Si on connaît aujourd'hui un « droit non civil de la famille[3] »

1. J. CARBONNIER, *Flexible droit*, Paris, LGDJ, 10e éd., 2001, p. 218, n° 14.
2. Pour le Moyen Âge, voir par exemple, la synthèse d'A. RIGAUDIÈRE, « L'assiette de l'impôt direct dans les villes du Midi français au bas Moyen Âge d'après leurs livres d'estimes », *La fiscalità nell'economia europea secc.* XIII-XVIII, *Atti della « Trentanovesima Settimana du Studi », 22-26 aprile 2007, Fondazione Istituto Internazionale di Storia Economica « F. Datini » Prato, Serie II – atti delle « Settimane di Studi » e altri Convegni, 39*, Firenze University Press, 2008, p. 425-481 en particulier p. 443-455.
3. *Le droit non civil de la famille*, Publications de la Faculté de droit de Poitiers, PUF, 1986.

intégrant en particulier le droit fiscal[4], la famille a aussi par le passé était plus ou moins prise en compte. Peut-on alors saisir à grands traits son évolution à travers les âges, par le prisme de l'histoire fiscale. La notion de foyer fiscal n'est-elle pas fort ancienne ? Que recouvrait-elle ? Cette famille fiscale correspondait-elle alors à la définition juridique de la famille qu'elle soit héritée de Rome et du Moyen Âge ?

Pour l'Antiquité, à se limiter à quelques exemples pour Rome, diverses situations et « formes d'impositions » liées à la formation et à l'évolution d'une famille ont pu être prises en compte. La famille a été fondée dans un premier temps sur un caractère patriarcal. Soumise à l'autorité d'un chef masculin, le *paterfamilias*, elle regroupe trois éléments distincts qui entretiennent des liens plus ou moins étroits avec en premier lieu la *domus* ou *familia*, puis la parenté agnatique et enfin la *gens*. Seul le *pater*, qui ne relève pas de la capacité juridique d'une autre personne, dispose d'un patrimoine. En tant que citoyen, il va à partir du VIe siècle av. J.-C., participer aux charges civiles et militaires en fonction de l'importance de ses biens. Ainsi Servius Tullius substitue aux contributions personnelles et égales une contribution proportionnelle (*ex censu*). Cette mesure va perdurer sous la République pour les citoyens *sui iuris*. Ils doivent faire une déclaration qui précise notamment l'estimation de leurs biens (*census*) ainsi que les personnes *in potestate* c'est-à-dire placées sous leur puissance. L'importance de la situation familiale dans une optique démographique est aussi prise en compte. En 402 av. J.-C., le célibat est taxé avec le paiement de l'*aes uxorium*. Cette mesure est renforcée par Auguste avec les lois *Iulia* et *Papia* (18 av. J.-C et 9 apr. J.-C). Avec les transformations économiques et sociales liées au développement de la Cité, la famille patriarcale archaïque se transforme aux IIIe et IIe siècles av. J.-C. Si la *gens* et la *domus* subsistent au cours des derniers siècles de la République, la parenté cognatique qui repose sur les liens du sang se développe. Ulpien précise que « [...] nous appelons famille plusieurs personnes qui ont été placées, soit par la nature ; soit par le droit sous la puissance d'une seule... » (*Digeste*, 50.16.195.2). En 349, une constitution impériale donne une définition plus précise et plus étroite de la famille à propos du soldat. Elle regroupe la conjointe, les enfants et les esclaves achetés avec le *peculium castrense* (*Code Justinien*, 12, 35, 10). La conservation de déclarations fiscales pour l'Égypte du IVe siècle apr. J.-C. met en lumière une semblable conception avec l'indication du conjoint et des enfants[5]. Sous l'Empire, le paiement de droits de succession est développé en particulier par Caracalla. Les citoyens romains sont taxés par un impôt du vingtième. À côté du modèle originaire de la parenté agnatique reposant sur la puissance (*patria potestas*) prend place la parenté par le sang ou cognatique consacrée par Justinien en 543 (Novelle 118). Devenue moins élargie et davantage nucléaire, la famille romaine est progressivement appréhendée par les juristes médiévaux à partir de la redécouverte des compilations justiniennes à la fin du XIe siècle.

L'importance de la diffusion et de la réception du droit romain mais aussi les résistances qu'il a suscitées ont été plus ou moins fortes dans le temps et dans l'es-

4. D. Ponton-Grillet, *La famille et le fisc*, Paris, Dalloz, 1998 ; F. Douet, *Le droit fiscal de la famille*, Paris, Litec, 7e éd., 2008.
5. E. Faure, « Étude sur la capitation de Dioclétien d'après le Panégyrique VIII », *Publication de l'Institut de droit romain*, XX, Paris, 1961, p. 74-77.

pace européen occidental au Moyen Âge[6]. La famille médiévale est aussi fortement marquée par l'influence de la conception chrétienne et de la féodalité[7]. L'esprit communautaire est davantage présent que dans la conception « individualiste » du droit romain tardif. Avec l'exemple de la Catalogne au bas Moyen Âge, on décèle l'existence d'une différence entre la famille fiscale issue de la pratique urbaine, bien que pouvant être rattachée à un modèle nucléaire, et le droit romain post-classique (Max Turull Rubinat et Pere Verdes Pijuan). Les sources de la pratique fiscale mettent en lumière l'existence d'unités familiales élargies. La notion de feu va devenir essentielle. La règle qui gouverne les finances du roi féodal (le roi doit « vivre du sien[8] ») est dépassée à partir de la fin du XIIIe siècle tant ses revenus ordinaires ne suffisent plus à faire face aux besoins de la construction de l'État. S'ouvre alors le temps de la mise en place d'une véritable fiscalité d'État[9]. Une intense réflexion est menée pour légitimer l'impôt royal dans un contexte nouveau afin de faire contribuer la population du royaume. Sur la base du droit romain retrouvé et de la transposition des règles du pouvoir impérial d'imposer, les juristes de la fin du XIIIe siècle et de la première moitié du XIVe siècle fondent le droit royal d'imposer. Ils justifient au profit de l'État la levée, en temps de crise, d'aides extraordinaires en raison de l'*utilitas publica* pour la défense du royaume[10]. De la fin du XIIIe siècle au milieu du XIVe siècle, l'imposition des patrimoines a été l'une des voies retenues par le pouvoir royal pour accroître ses revenus. Les villes médiévales ont été en ce domaine comme en d'autres des « laboratoires » dans lesquels les expériences menées ont pu être pleinement mises à profit par l'État[11]. L'instauration et le développement d'une fiscalité d'État ont été progressifs en raison d'obstacles divers. L'un d'entre eux, non des moindres, était de pouvoir connaître les facultés contributives des sujets du royaume. La connaissance la plus précise possible des personnes assujetties à l'impôt s'est révélée être une entreprise délicate. En matière d'impôt direct, deux possibilités se sont présentées à la monarchie : définir à l'avance l'impôt que chaque unité contribuable devait acquitter ou déterminer de manière globale l'imposition

6. J. Gaudemet, *Sociologie historique du droit*, Paris, 2000, p. 98-106.
7. G. di Renzo Villata, *Persone e famiglia nel diritto medioevale e moderno*, Digesto, 4e éd., v. 13 civile, Turin, 1996.
8. Sur cette règle, L. Scordia, « Le roi doit "vivre du sien". Histoire d'un lieu commun fiscal », Ph. Contamine, J. Kerhervé, A. Rigaudière (dir.), *L'impôt au Moyen Âge. L'impôt public et le prélèvement seigneurial en France, fin XIIe-début XVIe siècle*, colloque tenu à Bercy les 14, 15 et 16 juin 2000, vol. 1, Paris, 2002, p. 97-135.
9. A. Rigaudière, « L'essor de la fiscalité royale, du règne de Philippe le Bel (1285-1314) à celui de Philippe VI (1328-1350) », *Europa en los umbrales de las crisis (1250-1350), XXI Semana de Estudios Medievales de Estella 94*, Pamplona, 1995, p. 323-391 repris dans *Penser et construire l'État dans la France du Moyen Âge (XIIIe-XVe siècle)*, Paris, CHEFF, 2003, p. 523-589.
10. Sur la question de la défense du royaume et son incidence fiscale, J. R. Strayer, « Defence of the realm and royal power in France », *Studi in onore di Gino Luzzato*, I, Milan, 1949, p. 289-296 ; G. Post, « Ratio publicae utilitatis, ratio status and "Reason of State" 1100-1300 », *Studies in medieval Legal Thought. Public law and the State, 1100-1322,* Princeton, 1964, p. 288 et suiv. ; G. M. Spiegel, « Defence of the realm : evolution of a propaganda slogan », *Journal of Medieval History*, 1977, vol. 3, p. 115-133.
11. A. Rigaudière, « L'essor de la fiscalité royale, du règne de Philippe le Bel (1285-1314) à celui de Philippe VI (1328-1350) », *Penser et construire l'État dans la France du Moyen Âge (XIIIe-XVe siècle)*, Paris, CHEFF, 2003, p. 577-578.

à percevoir et la répartir ensuite entre les personnes assujetties à l'impôt. Le choix a été fait de retenir une unité simple qui serve de base à l'application d'un impôt de quotité ou de répartition[12]. Ces deux formes de taxation révèlent l'importance de la notion de feu. Un glissement s'opère du feu réel au feu fiscal devenu une unité théorique de répartition de l'impôt. C'est là un enjeu important des relations fiscales entre la monarchie médiévale et les communautés urbaines. La notion de feu est éclairée par le développement de sources fiscales dans les villes médiévales en particulier du Midi de la France. À la tête d'un feu ou intégrée à celui-ci, la femme est appréhendée par le fisc. La confrontation du droit privé et de la pratique fiscale met en lumière des différences relatives à l'imposition des biens de la femme mariée dans les villes du Midi du XIVe au XVIe siècle, (F. Garnier). Le « traitement fiscal » de la femme se rencontre en d'autres espaces. Par exemple, dans le Nord, lorsqu'un bourgeois veut prendre femme ou marier un de ses enfants hors de la juridiction de la ville, il devait payer un droit appelé d'« escassement » ou d'« isssue ». Cette somme variable suivant les villes constitue une contrepartie pour compenser le fait que l'apport en mariage n'est plus imposable à la taille[13]. En Provence, la qualification juridique de l'immeuble donné en paiement d'une dot en argent a une incidence fiscale. Si l'estimation de cet immeuble vaut vente, le mari doit alors payer les droits de mutation[14]. Rares sont cependant les travaux qui envisagent les rapports entre le droit privé et le traitement fiscal des personnes et des biens. Les études manquent encore pour proposer une synthèse sur le traitement fiscal de la femme, et plus généralement de la famille, dans l'Ancien droit.

La création de l'impôt sur le revenu comme imposition personnelle et collective, en ce qu'elle retient la cellule familiale, a conduit le législateur français à cerner la cellule familiale au sens du droit fiscal. Le chef du foyer et le chef de famille renvoient-ils à une même logique ? On peut aussi s'interroger sur la composition de l'entité collective familiale et fiscale et de son patrimoine. La relation entre la famille et l'impôt permet ainsi d'envisager le traitement par le fisc du groupe lui-même mais aussi des personnes qui le composent. Quel est le traitement fiscal de l'épouse ? Du conjoint survivant ? Des enfants ? Des personnes partageant une vie commune mais qui ne sont pas mariés (concubinage, pacte civil de solidarité) ? La place réservée à chacun par le fisc reflète des choix sociaux et économiques. Le droit fiscal se révèle alors en ce domaine comme un instrument au service d'une politique. À comparer le traitement fiscal de la famille dans les pays européens des différences existent. Des modèles fiscaux étrangers ont eu quelque influence pour l'établissement de l'impôt sur le revenu en France. La Révolution française, et le rejet d'une fiscalité personnelle, vont conduire à éclipser la notion de famille du droit fiscal. Même

12. J. FAVIER, *Finance et fiscalité au bas Moyen Âge*, Paris, 1971, p. 172 et suiv.

13. R. JACOB, *Les époux, le seigneur et la cité. Coutumes et pratiques matrimoniales des bourgeois et paysans de France du Nord au Moyen Âge*, Publications des Facultés universitaires Saint-Louis, Bruxelles, 1990, p. 404. Voir également l'intéressante étude menée à partir de la pratique matrimoniale marquée par le développement de la dot à Douai dans les années 1380 avec la politique fiscale de la ville, *Les époux, le seigneur et la cité…*, *op. cit.*, p. 217-222.

14. G. de BONNECORSE DE LUBIÈRES, *La condition des gens mariés en Provence aux XIVe, XVe et XVIe siècles*, thèse droit, Aix-en-Provence, 1929, p. 57-58.

si elle constitue toujours l'un des piliers de la société, y compris du nouvel ordre social napoléonien, on peut observer non seulement que la famille n'est pas définie dans le Code civil de 1804 mais encore que cette question et les problématiques qui l'entourent sont absentes du débat doctrinal. La volonté de privilégier l'absence d'immixtion du fisc dans la sphère privée – qui justifie le développement de la fiscalité réelle avec une assiette apparente de l'extérieur – explique cette situation. Il faut attendre le milieu du XIXe siècle pour que cette thématique réapparaisse. Les préoccupations liées à la natalité et la défaite de 1870 vont lever les obstacles politiques à l'évocation de projets de réforme pour nourrir un débat important au cours du dernier quart du XIXe (E. de Crouy-Chanel) largement influencé par les exemples britannique et allemand (C. de la Mardière). Postérieur aux droits de mutation à titre gratuit (N. Mathey), l'impôt sur le revenu français est le fruit de leur combinaison. Le législateur français a été amené à appréhender la cellule familiale au sens du droit fiscal. L'évolution de la société a certes été prise en considération mais de manière plus ou moins réactive. On le constate principalement dans l'analyse des rapports au sein du couple qui, sous l'influence de l'évolution du droit civil[15], a conduit à la remise en cause tardive – en matière fiscale – de la notion de chef de famille (L. Ayrault), à comparer avec l'affirmation rapide d'une quasi-égalité de traitement entre les couples mariés et les partenaires liés par un Pacte civil de solidarité (F. Douet). Il en résulte une reconnaissance de liens juridiques dont les effets ne se limitent pas au seul bien fondé de l'imposition. La procédure (Y. Brard) et le recouvrement (Y. Sérandour) sont aussi concernés. Le choix d'une forme de taxation de la famille, de ses revenus et de son patrimoine a des implications socio-économiques. Ne convient-il pas d'évaluer l'efficacité et l'efficience de la mise en œuvre de tels choix fiscaux notamment pour les pays engagés dans un processus de développement international pour les économies à revenu faible ou intermédiaire ? Des arbitrages entre impôt direct et impôt indirect ainsi que les modalités de l'imposition directe n'apparaissent-ils alors pas nécessaires (G. Chambas, J.-L. Combes) ?

Pour répondre à quelques-unes de ces interrogations, les regards croisés, tant dans l'espace national que d'un point de vue comparatiste, de juristes (privatistes, publicistes, historiens du droit) et d'économistes ont été sollicités. Par sa démarche pluridisciplinaire et diachronique, les rencontres fiscales organisées à Clermont-Ferrand depuis 2005 ont ainsi souhaité réunir enseignants-chercheurs, chercheurs, jeunes docteurs et doctorants intéressés à contribuer au développement de la matière fiscale par leurs travaux personnels ou par leur participation à des projets collectifs. Le Centre d'Études Romanistiques d'Auvergne (CERA, EA 2147) en collaboration avec l'Observatoire des Mutations Étatiques dans l'Espace Européen (OMEE, EA 984) les a accueillis à l'occasion des 3e Journées Clermontoises d'Histoire du Droit au sein de la Faculté de droit et de science politique de l'Université d'Auvergne – Clermont 1. Nous remercions pour leur soutien financier la Mairie de Clermont-Ferrand, Clermont Communauté, le Conseil général du Puy-de-Dôme, le Conseil régional d'Auvergne, l'OMEE et le CERA Nous exprimons également

15. J. CARBONNIER, *Droit et passion du droit sous la Ve République*, Paris, Flammarion, 1996, p. 195-268.

toute notre gratitude et notre reconnaissance à M. le Professeur Albert Rigaudière, Membre de l'Institut, d'avoir bien voulu accepter d'ouvrir et de présider la première séance de travail consacrée à « La famille et l'impôt dans l'histoire ». Nous remercions également M. Belin de l'Ecole nationale des impôts d'avoir présidé les travaux ayant pour thème « La famille et l'impôt aujourd'hui ». Nous tenons enfin à remercier les Presses Universitaires de Rennes qui ont accepté la publication de cette première rencontre.

Droit privé et fiscalité : la famille et l'impôt direct au bas Moyen Âge en Catalogne

Max TURULL RUBINAT
Professeur d'histoire du droit – Faculté de Droit, Université de Barcelone

Pere VERDÉS PIJUAN
IMF – Consejo Superior de Investigaciones Científicas, Barcelone

I Approche

L'historiographie récente concernant la fiscalité médiévale en Catalogne a été développée, avant tout, par des historiens médiévistes et, quelques cas précis mis à part, elle n'a pas fait l'objet d'une attention privilégiée de la part des historiens du droit. Il est donc compréhensible que l'histoire fiscale soit plus développée sur certains aspects que sur d'autres, le domaine juridique étant celui qui souffre des plus grandes lacunes[1]. Les mêmes lacunes affectent la seconde partie de notre double énoncé attenante à la famille. Car s'il n'existe, de fait, que peu d'études de droit privé historique concernant la structure de la famille au Moyen Âge, la production scientifique dans le domaine historique et juridique s'avère encore plus restreinte si nous limitons la recherche au seul territoire catalan[2]. Il n'est dès lors pas étonnant que l'un

1. L'histoire institutionnelle développée par les historiens du droit n'occupe à ce jour qu'une petite place au sein de la recherche historique et juridique. Pour les approches et les évaluations historiographiques, voir Francisco TOMAS Y VALIENTE, « Escuelas e historiografía en la historia del derecho español (1960-1985) », dans *Hispania. Entre derechos propios y derechos nacionales*, Per la storia del pensiero giuridico moderno, n°s 34/35, t. 1, Florence, 1990, 11-46 ; la rubrique bibliographique de « Initium. Revista Catalana d'Història del Dret » (1996-...) [*http://www.ub.es/facdt/mdep.html*] et [*http://www.ucm.es/info/byblos/*]. Pour l'historiographie développée par les historiens médiévistes, voir la bibliographie plus récente concernant les finances publiques et la fiscalité en général et la fiscalité municipale en particulier, dans les deux thèses doctorales récentes du CSIC de Barcelone : Jordi MORELLÓ BAGET, *Fiscalitat i deute públic en dues viles del camp de Tarragona. Reus i Valls, segles XIV-XV*, Consejo Superior de Investigaciones Científicas – Institut Milà i Fontanals, Barcelone, 2001 ; et Pere VERDÉS PIJUAN, *« Per ço que la vila no vage a perdició ». La gestió del deute públic en un municipi català (Cervera, 1387-1516)*, Consejo Superior de Investigaciones Científicas – Institut Milà i Fontanals, Barcelone, 2004.
2. Parmi les études les plus conséquentes : Fernando BADOSA COLL, « Comentarios a los art. 26-43 y 48 », dans Manuel ALBALADEJO (dir.) *Comentarios al Código Civil y Compilaciones Forales. Compilación de Cataluña*, t. XXVII, vol. 1, Revista de Derecho Privado, Madrid, 1981, p. 484-597 et 631-634 ; Guillem

des terrains qui demeure encore inexploré soit précisément celui du binôme famille-fiscalité, de même que la relation – évidente, mais non étudiée – entre droit privé et fiscalité. À quelques honorables exceptions près, nous ne disposons pratiquement pas d'études sur le sujet, pourtant intéressant, de la formulation progressive d'un droit fiscal à partir du seul droit existant – ou tout du moins le seul à être doctrinalement consistant : le droit privé[3]. Droit privé qui allait offrir une partie substantielle des matériaux juridiques nécessaires à la construction, par les pouvoirs publics, de ce qui allait être par la suite être qualifié de droit fiscal. À ce noyau allaient s'ajouter, en tant qu'élément moteur, les mesures fiscales – ainsi que leur traduction dans des normes juridiques – développées par les pouvoirs publics et en particulier municipaux.

De ce fait, le colloque auquel nous avons été invités représente un défi puisqu'il nous oblige à aborder des problèmes jusqu'à présent non posés par notre historiographie. Et puisque le sujet comporte des enjeux importants, permettez-nous, dans les pages qui suivent, de vous proposer non pas tant des solutions ou des réponses que des questions ou des hypothèses pour élargir le débat, et des éléments de discussion destinés à enrichir un travail de recherche en cours. Le texte qui

M. Brocà, *Historia del Derecho de Cataluña especialmente del civil y exposición de las instituciones del derecho civil del mismo territorio en relación con el Código Civil de España y la jurisprudencia*, Barcelone, 1918 (Facsimilé, Barcelone, 1985) ; José María Font Rius, *La ordenación paccionada del régimen matrimonial de bienes en el Derecho medieval hispánico*, Academia Matritense del Notariado, Madrid, 1954 ; Enrique Gacto, « El grupo familiar de la Edad Moderna en los territorios del Mediterráneo hispánico : una visión jurídica », dans *La familia en la España Mediterránea (siglos xv-xix)*, Barcelone, 1987, p. 36-64 ; Jesús Lalinde Abadia, « Rasgos evolutivos del Derecho privado de los siglos xii al xiv en la Corona de Aragón », dans *VII Congreso de Historia de la Corona de Aragón*, III, Barcelone, 1962, p. 171-182 ; Emma Montanos Ferrin, *La familia en la Alta Edad Media española*, Pampelune, 1980. En dehors de l'histoire du droit proprement dit, et concernant l'étude de la famille catalane au Moyen Âge, il convient de rappeler les contributions plus récentes d'historiens comme Stephen Bensch, *Barcelona i els seus dirigents, 1096-1291*, Ed. Proa, Barcelone, 2000 (1995), p. 213-251 ; Jaume Aurell Cardona, *Els mercaders catalans al quatrecents. Mutació de valors i procés d'aristocratització a Barcelona (1370-1470)*, Pagès ed., Lérida, 1996, p. 32-53 ; Mercè Aventín Puig, *La societat rural a Catalunya en temps feudals. Vallès Oriental, segles xiii-xvi*, Ed. Columna, Barcelone, 1996 ; Lluís To Figueras, *Familia i hereu a la Catalunya nord-oriental (segles x-xii)*, Publications de l'Abbaye de Montserrat, 1997 ; Sandrine Victor, *La construcció i els seus oficis a la Girona del segle xv*, muncipalité de Girona, 2004, p. 290-306 ; Carmel Ferragud Domingo, *Medicina i promoció social a la baixa Edat Mitjana (Corona d'Aragó, 1350-1410)*, CSIC, Madrid, 2005, p. 44-85.

3. Sur les relations entre droit privé et fiscalité, se reporter aux pages particulièrement intéressantes de Antonio Berliri, *L'ordinamento tributario della prima metà del sec. xiv nell'opera di Bartolo di Sassoferrato* (1re édition de 1952), Milan, Giuffrè Ed., 1997. Quant à l'influence du droit commun sur les pratiques fiscales et tributaires en Catalogne, voir les exemples cités dans les différents travaux de Tomàs de Montagut Estragués et Max Turull Rubinat : M. Turull, « Arca comunis : dret, municipi i fiscalitat », dans A. Iglesia (dir.), *Estat, dret i societat al segle xviii. Homenatge al prof. Josep M. Gay Escoda*, Barcelone, 1996, p. 581-610 ; M. Turull, *El naixement de la fiscalitat municipal a Lleida (1149-1289)* ; M. Sánchez-A. Furió, (dir.), *Actes del Colloqui « Corona, Municipis i Fiscalitat a la Baixa Edat Mitjana »*, Institut d'Estudis Ilerdencs, Lérida, 1997, p. 219-232 ; T. de Montagut, « La doctrina medieval sobre el "munus" y los "comuns" de Tortosa », dans *Homenaje* in memoriam *Carlos Díaz Rementería*, Salamanca, 1998, p. 475-489 ; T. de Montagut, *La recepció del dret tributari comú a la Corona d'Aragó* ; J. Serrano (dir.), *El territori i les seves institucions històriques*, vol. I, Fondation Noguera, Barcelone, 1999, p. 361-383 ; M. Turull, « Sobre la potestad tributaria del Conde de Barcelona (siglos xii-xv) », *Initium*, 5 (2000), p. 589-623 ; M. Turull, « La recepción de vectigalia en la Cataluña medieval. De la tradición romana a la recopilaciones de época moderna », *Initium*, 7 (2002), p. 181-216 ; T. de Montagut, *El sistema del derecho tributario común en la Corona de Aragón. Notas para su estudio* ; Orzio Condorelli (a cura di), *« Panta rei ». Studi dedicati a Manlio Bellomo*, t. IV, Il Cigno Edizioni, Rome, 2004, p. 49-68.

est présenté ici reprend essentiellement le discours prononcé durant ces journées, auquel ont été rajoutées les références bibliographiques nécessaires.

Ce travail de recherche aborde le problème lié à la création (ou à la restauration) d'un impôt direct en Catalogne – fondamentalement observé dans les villes lors de la consolidation des institutions de gouvernement communautaire –, au moment de la réception du droit romain justinien et canonique. Comme on le sait, la création de cet impôt coïncide avec la réception du *corpus iuris civilis*, qui est, par là même, la réception du concept de famille issu du droit romain justinien.

Le problème, vu sous cet angle, permet l'élaboration de nombreuses problématiques, de même que la formulation d'hypothèses variées, notamment en ce qui concerne les effets du modèle de famille romain introduit en Catalogne : le modèle appliqué dans la pratique allait-il au-delà de ce que préfiguraient les textes légaux ? Quels seraient les aboutissants de l'introduction du modèle de famille romain – fondé sur la figure du *pater familias* – au sein des pratiques familiales de la société catalane du bas Moyen Âge ? Dans quelle mesure peut-on parler de rupture entre la famille *de iure* et la famille *de facto* d'une part, et de construction d'une « famille fiscale » en tant qu'unité de calcul fiscal d'autre part ? Et, en supposant que ce concept de « famille fiscale » ait vraiment existé, correspondait-il à la réalité ? Et dans le cas contraire, puisque le concept famille fiscale relevait du domaine juridique, reflétait-il vraiment le concept romain justinien de famille ? Doit-on rechercher dans les sources de documentation l'expression de mesures fiscales uniques et cohérentes et s'étonner, dans le cas contraire, de leur pluralité ? Car, enfin, serait-il surprenant que ces mesures n'aient eu pour seule logique que celle liée aux intérêts d'un Conseil municipal qui tentait d'optimiser la perception de l'impôt, indifférent, dans le fond, à la formulation théorique et légale du concept de famille ; ou celle de contribuables qui profitaient des failles d'un système en gestation, pour éviter de payer des impôts ? C'est à notre avis pour cette raison que, en l'absence d'un droit fiscal spécifique de caractère local ou général, les autorités de nombreuses villes catalanes ont élaboré l'impôt direct à partir du droit privé. Mais, s'il est vrai que le droit privé allait fournir des matériaux consistants aux nouvelles institutions fiscales, cela ne veut pas dire que le droit de la famille limitait l'impôt direct.

Comme nous le verrons, la réponse à ces questions peut s'avérer digne du plus grand intérêt puisque, en plus de nous éclairer sur la nature complexe de l'impôt direct, elle peut également permettre d'élargir notre champ d'étude concernant les caractéristiques et l'évolution de l'institution familiale en Catalogne. En effet, l'étude concrète ou pratique (et non pas doctrinale) du binôme famille-impôt peut contribuer, même en phase de formulation d'hypothèses, à une meilleure compréhension de l'organisation *de facto* de la famille catalane du bas Moyen Âge.

II L'impôt direct

Les premières références substantielles aux impôts directs, dans le cadre municipal, proviennent de sources indirectes. Dès 1200, des dispositions royales font allusion à la perception d'impôts directs dans différentes localités catalanes[4], et, à partir de 1226, certains privilèges royaux se réfèrent à l'application de la formule *per solidum et libram*[5], dans des villes comme Barcelone, et, plus tard, Cervera. Au fil des années, ces références gagnent en cohérence, et l'existence d'un impôt direct perçu de manière proportionnelle aux patrimoines est tout à fait évidente. Et ce n'est pas tout : l'impôt direct devient très tôt, en même temps que l'impôt indirect et le recours à la dette publique, l'une des bases des finances municipales[6].

À l'instar d'autres territoires, la Catalogne a la chance de conserver un fonds nourri (peut-être l'un des plus importants en Europe) de registres ou de volumes qui servaient à recueillir l'annotation précise du patrimoine des habitants et leur estimation, en vue de l'application de l'impôt direct. Les premiers livres d'estimes ou *manifests*, probablement rédigés dans les premières décennies du XIVe siècle, apparaissent de manière plus courante dans la seconde moitié du même siècle[7]. Nous disposons aujourd'hui d'une assez bonne connaissance de ces sources et des tributs les concernant, depuis la confection de ces livres, les biens meubles et immeubles déclarés par les habitants, en passant par l'identité des contribuables, l'évaluation du patrimoine et le mode de calcul des tributs. Les recherches les plus récentes nous montrent également qu'il était possible de développer une certaine politique fiscale par la production de différentes normes concernant la rédaction de ces sources et le calcul de l'impôt[8].

---

4. Voir notamment les documents émis dans la ville de Lérida dès la fin du XIIe siècle : Max TURULL RUBINAT, *El naixement de la fiscalitat municipal a Lleida (1149-1289)* ; M. SÁNCHEZ- A. FURIÓ, (dir.), *Actes del Colloqui « Corona, Municipis i Fiscalitat a la Baixa Edat Mitjana »*, Institut d'Estudis Ilerdencs, Lérida, 1997, p. 219-232.
5. En 1226, Jaime I autorisait la perception des tributs royaux et municipaux à Barcelone per solidum et per libram : « [...] *attendentes fidelitatem tocius populi Barchinone, considerantes eciam frequentes clamores eorum ad nos sepe ac sepius factos, super eo quod in talliis et questiis et aliis exacionibus gravissime tractabantur; eorum iustis precibus inclinati concedimus et presenti privilegio perpetuo valituro statuimus et sancimus quod ab hac die in antea, omnes questie, tallie, collecte et exaccione quecunque fient in civitate, vel propter nos vel propter aliquod comune vicinatis, fiant semper per solidum et per libram* [...] », Ambrosio HUICI MIRANDA et María Desamparados CABANES PECOURT, *Documentos de Jaime I de Aragón. I. 1216-1236*, doc. 81, p. 163-164, Valence, 1976.
6. Concernant les trois piliers des finances municipales et leur contexte, voir les approches de José María FONT RIUS, « Organos y funcionarios de la administración económica en las principales localidades de Cataluña », dans *Finances et comptabilité urbaines du XIIIe au XVIe siècle*, Bruxelles, 1964, p. 257-278, texte réédité et corrigé, IDEM, « La administración financiera en los municipios catalanes medievales », *Historia de la Hacienda española (épocas antigua y medieval)*, Madrid, 1982, p. 197-231 ; actuellement dans *Estudis sobre els drets i institucions locals en la Catalunya medieval*, Barcelone, 1985, p. 611-637. Et surtout, Manuel SÁNCHEZ MARTÍNEZ, *El naixement de la fiscalitat d'Estat a Catalunya (segles XII-XIV)*, Ed. Eumo, Vic, 1995 ; Pere ORTÍ GOST, Manuel SÁNCHEZ MARTÍNEZ et Max TURULL RUBINAT, « La génesis de la fiscalidad municipal en Cataluña », *Revista d'Història Medieval. La Gènesi de la fiscalitat municipal (segles XII-XIV)*, 7 (1996), p. 115-134 ; et Manuel SÁNCHEZ MARTÍNEZ y Pere ORTÍ GOST, « La Corona en la génesis del sistema fiscal municipal en Cataluña (1300-1360) », dans M. SÁNCHEZ-A. FURIÓ (dir.), *Actes del Colloqui « Corona, municipis i fiscalitat a la Baixa Edat Mitjana »*, Institut d'Estudis Ilerdencs, Lérida, 1997, p. 233- 278
7. Pour une approche plus récente et plus complète sur le sujet en Catalogne, voir Max TURULL RUBINAT et Jordi MORELLÓ BAGET, « Structure et typologie des "estimes-manifests" en Catalogne (XIVe-XVe siècles) », dans *De l'estime au cadastre en Europe. Le Moyen Âge*, Comité pour l'histoire économique et financière de la France, ministère de l'Économie, des Finances et de l'Industrie, Paris, 2006, p. 383-436.
8. *Vid. supra* M. TURULL y J. MORELLÓ, *Structure et typologie des estimes-manifests*. Concernant la rédaction et la composition des sources, de même que les outils de calcul de l'impôt, se reporter au volume collectif du groupe hispano-français : Denis MENJOT et Manuel SÁNCHEZ MARTÍNEZ (dir.), *La fiscalité des villes au Moyen Âge (occident méditerranéen). 2. Les systèmes fiscaux*, Éd. Privat, Toulouse, 1999.

III La réception du *ius commune* et du concept romain justinien de la famille

Comme nous l'avons déjà signalé, le moment de restauration, d'expansion et de renforcement de l'impôt direct coïncide avec la réception du *ius commune* de Bologne et cette coïncidence n'est évidemment pas due au hasard. La généralisation d'une nouvelle culture juridique de même que la renaissance et la consolidation postérieure des pouvoirs publics engendrèrent l'élaboration d'un système fiscal inhérent aux institutions de gouvernement. Cependant, et au-delà de la coïncidence entre l'impôt direct et la réception du droit romain justinien, notre intérêt se porte sur le degré de réception, en Catalogne, du droit élaboré à Bologne.

Si nous disposons d'indices qui attestent la diffusion, dès la fin du XIIe siècle, du droit romain en Catalogne, la réception proprement dite du droit commun ne se produit que dans la première moitié du XIIIe siècle[9]. Les quelques exemples empruntés au domaine municipal sont, en ce sens, tout à fait significatifs. Le recours au droit romain est reconnu dans toutes les coutumes compilées au XIIIe siècle ; ces textes concernaient essentiellement le droit coutumier local, les arrêtés municipaux et les privilèges ou autres dispositions royales dont faisait l'objet la localité. Or, on remarque que les autorités locales, pourtant à l'origine de ces recueils de droit particulier, indiquaient toujours les dispositions relatives à leur ordonnancement juridique, à savoir les droits auxquels elles recouraient et dans quel ordre. Ainsi, il est très significatif que les *Costumbres* ou *Usos i Costums* de Lérida (1228[10]), Tàrrega (1242[11]), Tortosa (1279[12]), Horta (1298[13]) et Miravet (1319[14]) – malgré quelques

9. Sur le processus de réception du *ius commune* en Catalogne : Aquilino Iglesia Ferreirós, « La recepción del derecho común : estado de la cuestión e hipótesis de trabajo », dans *El Dret Comú i Catalunya. Actes del II^on^ Simposi Internacional. Barcelona 31 mai – 1er juin 1991*, Barcelone, 1992 ; Idem, *La creación del Derecho. Una historia de la formación de un derecho estatal español* (Barcelone 1992), 2e ed. Madrid, 1996.

10. *C. Lérida* (1228) : « *In quibus consistit ius nostrum. Consistit ius nostrum in donacionibus et concessionibus sive previlegiis principum et in moribus scriptis et non scriptis, in usaticis et legibus goticis ac romanis. [167] De usaticis. De usaticis autem dicendum est et legibus goticis ac romanis. Maiori autem parte usaticorum utimur, set usaticis que locuntur de intestatis et exorquiis, et cucuciis non utimur et quibusdam aliis. [168] De legibus goticis. Goticis vero legibus paucissimis utimur ut illis que locuntur de testamentis post mortem scribendis, et aliis forte quibusdam. [169] De legibus romanis. Legibus romanis pluribus utimur, pluribus non ut in cotidianis tractatibus causarum liquere potest. In his autem omnibus iste ordo servatur, qui consuetudines nostras scriptas et non scriptas, cotos, et bannos, preferimus illis et primo utimur illis, post hec vero servamus cartas nostras et privilegia principum. Postea usaticos. Consequenter leges gotas, ultimo vero loco leges romanas.* »

11. C. Tàrrega (1242) : « [...] *Ubi autem supradicte consuetudines non potuerint abundare, curia causas terminet secundum scriptos Usaticos Barchinone et illis non suficientibus, secundum legem goticam et illa non suficiente secundum leges romanas.* »

12. C. Tortosa (*c.* 1279), prólogo : « [...] *Lo qual endreçament e declarament feyts, los dits Arbitres donaren a les parts les costumes declarades, segons que en aquest Libre son escrites et posades, manants a les parts sots la pena damunt dita, que ells vsen d'estes costumes et no d'altres ; si doncs la Senyoria et la Ciutat no s'i acordauen ensemps que d'altres vsassen. E's a saber ; que en la Ciutat e el terme de Tortosa tots los feyts deuen es' esser determenats segons les costumes en aquest Libre escrites ; e en deffalliment de les costumes, per los Usatges de Barcelona en aquest Libre escrits ; e en defalliment de tot aço per Dret Comu.* »

13. C. Horta (1298) 81 : « *Item volumus statuimus et concedimus, quod in factis, causis seu negociis, que per has consuetudines nequeant terminari, terminentur per usaticos Barchinone, exceptis usaticis qui locuntur de intestiis exorquiis et cuguciis, qui non habent locum in villa et termino de Horta, et usaticis defficientibus per iura comunia terminentur.* »

14. C. Miravet (1319) 129 : « *Item ordinaverunt quod in istis rebus ubi capitula non sufficiunt recurratur Constitutionibus Cathalonie et postea Usatico Barchinone ; et ubi capitula nec Constituciones nec Usaticus*

variations qu'il n'est pas nécessaire de commenter ici –, indiquent le recours des autorités à leur propre droit (coutumes, décrets, privilèges royaux, etc.), puis aux *Usatges* de Barcelone ou, à défaut, aux lois gothiques – *Liber Iudiciorum* – et finalement aux lois romaines. Ces dispositions municipales, de même que celles relevant du droit royal, démontrent que la réception du droit commun en Catalogne s'est produite *de facto* – à défaut *de iure* – tout au long du XIIIe siècle. La reconnaissance officielle et définitive de la réception de l'*ius commune* en Catalogne – qui n'est pas, au risque de nous répéter, la réception *de facto*, quant à elle bien antérieure – a lieu en 1409 avec l'énumération, dans un chapitre des *Corts*, des droits auxquels devaient être soumises les affaires dans la Principauté : « *Usatges de Barcelona, e constitutions, e capítols de cort de Cathalunya, usos, costums, privilegis, immunitats e libertats de quiscuna condició, e de las universitats, e dels singulars de aquellas, dret comú, equitat e bona rahó*[15] [...]. »

Ce processus a ceci de singulier en Catalogne que le droit commun n'avait pas seulement influencé la législation des institutions, mais qu'il s'était également transformé en droit supplétoire, et qu'il était, par conséquent, le droit de référence en l'absence de normes dans les dispositions du droit propre. En réalité, le droit commun était devenu l'axe véritable, ou le noyau, de l'ordonnancement juridique en Catalogne. Le *ius commune*, de fait, était le droit qui était le plus couramment pratiqué, reléguant le droit propre à l'état d'exception par rapport au droit romain justinien et canonique[16].

Dans ce contexte, il n'est pas étonnant que le *ius commune* ait également exercé une nette influence au sein de l'institution familiale en Catalogne. Comme on le sait, la famille romaine classique était définie comme un groupe de personnes et un patrimoine soumis au pouvoir du père et l'idée de pouvoir l'emportait, par conséquent, sur le fait biologique. Il convient toutefois de rappeler que l'influence du christianisme permit d'atténuer la puissance institutionnelle du *pater familias*. De fait, ces effets modérateurs étaient déjà manifestes dans les premiers siècles du christianisme, à l'époque du bas empire, et la rigidité du *pater familias* issu du droit classique se verrait de nouveau mitigée avec l'introduction, à l'époque du *ius commune*, de l'esprit du droit canonique dans le droit romain justinien. Au Moyen

---

Barchinone non suffecerint, recurratur ad ius commune, excepta cogucia, intestia et exorquia, quod hon non solvitur. »

15. 3º *CYADC* I 1,38,2 (Martin Ier, *Cort* de Barcelone, 1409. *Cap. de cort* 2).

16. La disposition dictée en 1422 est, dans ce sens, très significative : 3.º *CYADC* I 2,4,1 (Maria, consort e Loctinent General en la Cort de Barcelona 1422. Cap. 17), « *Assats es cosa ridiculosa ais juristas qui volen exercir Offici de judicatura, o de advocatio en Cathalunya, e no poc damnosa ais litigants, ignorar las leys de la terra, per ço statuim, ordenam, volem, e manam, que quiscun jurista qui volra vsar dels dits Officis de judicatura, e de advocatio en lo Principat de Cathalunya, anys que sien admesos en aquells, o en aigu de aquells, hajan, e sien tenguts haver sens frau aigu los vsatges de Barcelona, Constitutions, e Capitols de Cort de Cathalunya, segons, las quais, ans de tots altres drets ha esser jutjat dins lo dit Principal, e si aigu dels dits juristas, no havent las ditas leys, presumira advocar, o jutjar, aquell aytal volem incorrer pena de sinquanta liuras, la meytat guanyadora al fisc, laltra meytat al accusador : Volents en la present Constitutio esser compresos los juristas, qui de present advocan, o jutjan, si dins spay de sis mesos primer vinents no hauran las ditas leys de la terra.* » Concernant l'intégration du droit propre au droit commun, voir A. IGLESIA, *La creación del Derecho* II, 118-126.

Âge, le droit romain reconnaissait une *patria potestas* au sens fort, mais dans le même temps, les nouvelles conceptions chrétiennes empêchaient l'application effective du contenu de cette institution. Par ailleurs, l'existence d'un patrimoine destiné à la subsistance du groupe familial était tout aussi importante que l'idée d'un groupe de personnes théoriquement soumises à l'autorité du père.

Le régime patrimonial de la famille romaine classique reposait sur un système dotal dérivé de l'idée selon laquelle les personnes soumises à la *potestas* du père étaient des instruments d'acquisition pour le titulaire de la *patria potestas*. La dot apportée par la femme à l'occasion du mariage formait le noyau principal du patrimoine familial et devenait la propriété du mari, mais non sans restrictions.

Avec la réception du droit romain en Catalogne, cette notion classique de la famille – quoique réinterprétée et nuancée par le droit canonique – allait rencontrer l'influence wisigothique du haut Moyen Âge. Le *Liber* ignorait la *patria potestas* car celle-ci n'avait pas réapparu au cours du haut Moyen Âge : les royaumes péninsulaires de cette époque ne connaissaient pas la *patria potestas* conjointe des parents, mais seulement le devoir d'attention et de protection qui était le leur par rapport aux enfants. Il existait néanmoins une cohésion familiale très marquée qui avait favorisé le développement d'un patrimoine conjugal, de sorte que les enfants participaient à la formation de ce patrimoine tant qu'ils vivaient avec leurs parents, indépendamment de leur âge. Avec la réception du droit romain, « la restauration de la *patria potestas* ne fut pas traumatique, parce qu'elle n'avait pas eu à remplacer une *patria potestas* conjointe, mais à couvrir l'absence de celle-ci [...]. Cette *patria potestas* possède un caractère perpétuel, et on ne peut y mettre fin que par le décès du père, par son décès civil, par la dignité atteinte par l'enfant ou par émancipation, le silence demeurant quant à l'émancipation par le mariage ou la majorité[17]. » La *patria potestas* à laquelle étaient soumis les enfants s'étendait également aux épouses, et il faudrait attendre 1351 pour qu'une disposition de droit propre établisse que le fils, la fille, le petit-fils ou la petite-fille qui contractant mariage avec le consentement paternel s'en trouve du même coup affranchi(e). Cette *patria potestas* à caractère perpétuel – et la soumission consécutive des enfants – entre en contradiction avec les âges justiniens. Quoi qu'il en soit, la majorité est atteinte à l'âge de vingt-cinq ans, à la seule condition pour la personne de s'être libérée de l'autorité paternelle par un moyen quelconque. La situation en Catalogne est inversée au bas Moyen Âge : l'enfant pouvait invoquer le fait de s'être marié pour abandonner la *patria potestas* et le géniteur, quant à lui, pouvait déshériter le fils ou la fille marié(e) sans son consentement. Cependant, et au-delà de la conception de la famille que l'on peut déduire de l'œuvre justinienne et de l'influence canonique, la formation du noyau familial effectif et vital dépendait de la pratique.

IV La création de la famille fiscale

Au début du XIVe siècle, les autorités municipales de la ville de Barcelone écrivaient à celles de Manresa pour les informer d'une pratique qui avait cours dans

17. A. IGLESIA, *Individuo y familia*, p. 491.

la capitale catalane concernant la rédaction des *manifests* o *estimes* et, entre autres choses, les conseilleurs barcelonais déclaraient que « [...] *fan scriure tots los portals de la ciutat, ço és assaber los noms dels senyors qui habiten en los alberchs e els noms de les dones vídues; fan encara scriure enfans pubils qui no han pare o qui no han pare ne mare, fan encara scriure tot hom qui ús de la franquesa de Barchelona per mar ne per terra, sia que tenga alberch o no*[18]... »

À la lumière des connaissances actuelles, ces déclarations peuvent être interprétées comme une preuve supplémentaire de l'existence, dans le domaine fiscal aussi[19], d'un concept de famille nucléaire constituée des conjoints et des enfants. En d'autres termes, les *manifests* ou *estimes* catalans étaient censés contenir fondamentalement les déclarations de biens correspondant à ce type d'unités familiales, lesquelles étaient représentées par le chef de famille (généralement le père) ; et seule l'absence de la figure paternelle pouvait justifier la déclaration de veuves et d'orphelins encore mineurs, puisque légalement, les biens dont disposaient ces individus ne pouvaient être attribués à aucune autre unité familiale. Comme nous le verrons, il est vrai que certains cas relevés dans les *manifests* ou *estimes* reflètent d'autres situations patrimoniales, toutes admises dans le droit privé ; cependant, la norme générale indiquait que ces situations devaient être explicitées dans la déclaration du « *cap d'alberg* ».

Cette pratique expliquerait donc la présence limitée des femmes dans les *manifests* ou *estimes*[20]. Comme on le sait, le système juridique catalan au bas Moyen Âge reconnaissait, à partir d'un système dotal, la séparation des biens dans le mariage et

18. V. Marc TORRAS SERRA, « El sistema de redacció dels manifests a Barcelona i Manresa a inicis del s. XIV », *Acta Historica et Archaeologica Medievalia*, 22/2 (2001), p. 339-350, p. 347. Vers la fin du XIIIe siècle, (nous remercions ici P. Ortí de nous avoir indiqué la date de ces documents, lesquels apparaissaient comme n. d. dans sa propre édition), le roi Jaime II clarifiait le mode de recouvrement de l'impôt général sur la richesse (*bovatge*) et se prononçait, de manière précise et formelle, sur le mode d'estimation des héritages ; l'estimation des biens que la veuve héritait de son mari *pro dote et sponsalicio obligata* ; l'estimation des biens des héritiers, une fois acquittée la part de dot revenant à l'épouse et les intérêts ; l'estimation commune des biens du père et des enfants, tant que ceux-ci vivaient sous l'autorité paternelle ; et, enfin, l'estimation des biens des enfants émancipés ou des biens hérités du père encore vivant. (Tomàs LÓPEZ PIZCUETA, « Sobre la percepción del "bovatge" en el siglo XIV », dans M. SÁNCHEZ (comp.), *Estudios sobre renta, fiscalidad y finanzas en la Cataluña bajomedieval*, CSIC, Barcelone, 1993, p. 339 et 344-346). Bien plus tard, vers le milieu du XIVe siècle, les normes présidant à l'instauration des fouages issue des assemblées des *Corts* indiquaient aussi le comptage de « [...] *tots los fochs de cascun loch axí pobres com richs qui tenguen domicili en los lochs desús dits; e encara que, si en algun alberch ha pubills o altres persones qui viuen a lur pròpia messió, que cascun d'aquests sia comptat per foch pus hajen sos béns partits e apartats, però, si·ls tudors o altres persones ab qui estaran lus feyen la messió e aquells havien béns d'on poguessen viure, en cas que la messió o provisió no·ls fos feta, que aquests aytals sien comptats cascú per foch, declarant que, si una dona viuda estarà ab sos fills qui no haien partits los béns, que aytals sien comptats solament per I foch; emperò, si la dona està ensemps ab lo fill o ab la filla que haguessen marit o muller e la dona vivia dels seus béns propris, que sia comptat cascú per I foch...* », P. ORTÍ, « Una primera aproximació als fogatges catalans de la dècada de 1360 », *Anuario de Estudios Medievales*, 29 (1999), p. 756, nº 25.
19. Sur la prédominance de la famille nucléaire relevée d'autres domaines de la société catalane au bas Moyen Âge, voir les exemples cités dans les travaux de Bensh, Aurell, Aventín, Victor ou Ferregud mentionnés dans la note 2 de la présente étude.
20. Au sujet de la contribution féminine, se reporter aux reflexions développées dans l'étude déjà classique de Maria BARCELÓ CRESPÍ, « La dona com a subjecte fiscal (segles XV-XVI) », *Mayurqa*, 22 (1989), p. 49-55.

la femme avait théoriquement le droit de déclarer ses propres biens (biens paraphernaux). De fait, dans les bans proclamés par les autorités municipales il était ordonné que « tout homme et toute femme habituellement domicilié(e) dans la commune devait déclarer ses biens[21] ». Toutefois, dans la pratique courante il s'avère que les femmes étaient presque toujours représentées par leur mari ou par un autre membre masculin de la famille chargé de déclarer la totalité des biens, ce qui donne lieu aux combinaisons suivantes : mari + épouse, enfant + mère, petit-fils + grand-mère, gendre + belle-mère, etc.[22]

La faible présence féminine dans les *manifests* n'est dès lors pas étonnante, car, comme nous l'avons déjà fait remarqué, le veuvage constituait généralement la raison principale pour laquelle les femmes en venaient à déclarer leurs biens[23]. Ces veuves déclarent alors, ou se « manifestent » en tant qu'usufruitières des biens du mari, soit parce qu'elles n'avaient pas d'enfants, soit parce que c'étaient elles qui, en règle générale, exerçaient de façon préférentielle leur tutelle. Par conséquent, la

21. D'après les annonces réalisées à Cervera pour l'élaboration du manifest : « [...] *ab aquesta crida manen a tot hom e tota fembra de la vila de Cervera que* [...] *haien manifestats sos béns...* », ACC, FM, Manifest, 1378, f° 1 r°.

22. Dans certains cas, les propriétés des femmes sont pleinement intégrées aux propriétés du *cap d'alberg* masculin, par des indications comme : « [...] *per l'aixovar de sa muller...* », « [...] *per ço que ha aüt de sa muller...* », « [...] *diners de sa muller...* », « [...] *per ço que es vengut a part a sa muller per los béns de son pare...* », « [...] *I troç de sa sogre...* », « [...] *l'alberch de sa sogre...* ». Dans d'autres cas, la femme est mentionnée aux côtés de son représentant : « [...] *P. Benuç e sa mare...* », « [...] *P. Miret e sa àvia...* », « [...] *Aymerich de Secabechs e sa sogre na Ruberta...* ». Et, enfin, il convient de rappeler les cas où la femme apparaît seule, mentionnée par son nom de jeune fille ou par le nom féminisé de son mari, et/ou à travers sa relation conjugale ou filiale : « [...] *Guillemona, muyller de Berenguer de Sentcliment...* », « [...] *na Ginera, muyller que fou d'en Giner za Sisquella...* », « [...] *na Oromina fo atrobat...* », « [...] *sa mare del capella d'en Graells...* », « [...] *Berthona, fylla d'en Berthó de Calders...* », « [...] *uxor Bernat de Privà...* ». Voir M. TURULL, *El impuesto directo en los municipios catalanes medievales*, dins *Finanzas y fiscalidad municipal. V Congreso de Estudios Medievales*, Fundación Sánchez Albornoz, León, 1997, p. 109-110, n° 116-118 ; M. TURULL- J. MORELLÓ, *Structure et typologie...*, p. 414-416, n° 98 y 103

23. Dans la ville de Valls (J. MORELLÓ, *Fiscalitat i deute públic en dues viles del Camp de Tarragona. Reus i Valls, segles XIV-XV*, CSIC, Barcelone, 2001, p. 391), les *estimes* de 1378 ne sont constituées que de 15 ou 16 % de déclarations à proprement parler féminines et, dans celles de 1445, les femmes ne représentent plus que 10 ou 11 %. Dans la ville de Reus (*Ibidem*, p. 391), les femmes représentent 13 % des déclarations dans les *estimes* de 1391, tandis qu'en 1445, elles ne constituent que 9 %. Bien qu'il ne s'agisse pas d'un *manifest*, nous ne pouvons pas omettre le fait que dans la ville de Gérone (Ch. GUILLERE, « Aspects de la société géronaise à la fin du XIVe siècle. Approche topographique et professionnelle à travers le registre de taille de 1388 », *Annals de l'Institut d'Estudis Gironins*, XXV (1979-1980), p. 334), le registre de la taille de 1388 ne mentionne que 235 femmes sur un total de 1342 contribuables, ce qui donne une proportion de 17,5 %. En 1404, les *valies* de la Selva del Camp (Pilar MURGADAS, « El llibre de valies de 1404 de la Selva del Camp », *Butlletí interior de la Societat d'Onomàstica*, XLV (1991), p. 24-31) contiennent 346 déclarations, dont 49 de femmes (14,16 %). En 1476, dans le *manifest* de la ville de Cervera (J. CANELA, *Cervera a finals del segle XV. Aproximació a partir del manifests de 1476*, thèse de doctorat inédite, Université de Barcelone, 2003, p. 90-94), 70 déclarations de femmes sont enregistrées sur un total de 752 déclarants, donnant une proportion de 9,3 %. Enfin, dans la ville de Manresa (M. TORRAS, *La crisi del segle XV a Manresa*, Fundació Caixa de Manresa, Manresa, p. 43-54), les *manifests* de 1408-1411 contiennent 602 déclarations de *caps d'alberg*, dont 87 (14,4 %) sont celles de femmes : 74 de veuves (12,3 %) et 13 de mères, de filles, de belles-mères, grands-mères... ; les *manifests* de Manresa de 1453 contiennent 425 déclarations, dont 64 (15 %) de femmes, parmi lesquelles 48 veuves (11,3 %) ; en 1480-1482, 236 déclarations sont enregistrées : 27 de femmes (11,4 %), dont 22 veuves (9,3 %) ; en 1485-1487, sont enregistrées 271 déclarations : 22 de femmes (8,11 %), dont 18 veuves (6,6 %) ; et entre 1490 et 1493, des 317 déclarations, 34 sont de femmes (10,7 %), dont 23 veuves (7,2 %).

veuve devient provisoirement la remplaçante du « *cap d'alberg* », en attendant que les héritiers atteignent la majorité et/ou que le partage de l'héritage ait lieu[24].

En ce qui concerne les enfants, la situation est assez similaire[25]. En toute logique, et bien que le mineur soit juridiquement capable de posséder un patrimoine propre, il ne disposait habituellement pas de ressources fiscales et ses biens n'apparaissaient que dans la déclaration du titulaire de la *patria potestas* ou du tuteur. À l'instar des femmes, cette situation patrimoniale particulière pouvait apparaître dans les *manifests* ou *estimes*, donnant lieu à des combinaisons père + enfant ou mère + enfant[26]. Cependant, le cas le plus fréquent de référence aux héritiers n'était dû qu'à la perte prématurée des géniteurs les plus directs et, comme les femmes, les *héritiers/ières* ou *pupilles* ne constituaient qu'une fraction très réduite des contribuables[27].

Les futures études des *manifests* ou *estimes* catalans fourniront certainement d'autres indices qui confirmeront l'existence de ce type d'unités fiscales restreintes[28]. Dans ce sens, il nous semble intéressant de comparer les informations issues des *manifests* et celles relevées dans la documentation notariale, et notamment les testaments. Cette étude parallèle peut en l'occurrence nous renseigner sur l'indice élevé de noms homonymes observé dans certains *manifests*, afin de savoir s'il était ou non le fait de déclarations de biens séparées des parents et des enfants mariés[29].

---

24. Concernant les veuves et les femmes en général, se reporter aux détails, nombreux et intéressants, fournis par J. Morelló dans son étude des *estimes* de Reus et de Valls : J. MORELLÓ, *Fiscalitat i deute públic en dues viles del Camp de Tarragona*, p. 388-393.
25. Sur ce sujet, nous renvoyons également aux détails offerts dans l'étude citée dans la note antérieure : *Ibidem*, p. 393-395.
26. Dans ce dernier cas, il est même habituel que les enfants soient mentionnés aux côtés de leur mère pour attester la tutelle et les droits de cession sur le patrimoine en question. Comme nous l'avons indiqué, au moment de l'accès des enfants à la majorité l'énoncé est inversé, puisque ce sont alors les femmes qui sont mentionnées aux côtés de leurs enfants, en tant que mères.
27. À Reus, par exemple (*Ibidem*, p. 396), ce type de déclarations donnait une proportion de 6,27 % (17 sur 271) dans les *estimes* de 1391, et de 7,5 % (21 sur 280) dans celles de 1445. À Valls (*Ibidem*, p. 396), elles ne constituaient que 6,10 % (24 sur 393) en 1378, et 9,38 % (29 sur 309) en 1445. En 1404, les *valies* de la Selva del Camp, affichent une proportion de 3,17 % (11 sur 346) (Pilar MURGADAS, *El llibre de valies*, p. 24-31). Et en 1476, le *manifest* de la ville de Cervera (J. CANELA, *Cervera a finals del segle XV*, p. 438-476), enregistre 23 pubilles sur 752 déclarants, avec une proportion de 3,05 %.
28. À ce sujet, et bien que sans relation directe avec les *manifests*, nous ne pouvons oublier de mentionner une information intéressante enregistrée en 1478 dans la ville de Cervera. Cette année-là, les autorités de ladite localité spéculaient sur le moyen de percevoir les impôts en fonction de la consommation de farine par habitant, et les partisans de cette initiative affirmaient « [...] *que quiscun singular paguàs per tantes persones com seran e tenran en lurs cases, comtant e donant per quiscuna persona quatre migeres, troben que unes cases ab altres stan cinch persones, de que paguant en aquesta forma no si porian fer fraus e encara se'n seguiria gran útil a la vila que·n procehiria molt més de la molilla que vuy no se'n ha...* », Arxiu Comarcal de Cervera [=ACC], Fons Municipal, Consells, 1478, f° 29 v°, 24/03/1478.
29. Cette répétition de noms de famille n'indique évidemment pas la relation des parents et des filles mariées, puisque les biens de ces dernières apparaissent habituellement sous le nom du mari. Ceci dit, en observant, par exemple, les 590 déclarations locales regroupées dans les *estimes* de Valls de 1378, celles-ci révèlent le cas d'au moins 363 individus (61,52 %) portant le même nom de famille, qui déclarent, très souvent, immédiatement l'un après l'autre et/ou dont les déclarations sont consignées dans la même rue (J. MORELLÓ, « Les estimes de 1378 : consideracions sobre la població fiscal de Valls », *Historia et documenta*, 5 (1999), p. 38-56). Sur les 346 déclarations des *valies* de la Selva del Camp de 1404, 263 individus (76 %) portent le même nom de famille et présentent les caractéristiques précédemment citées dans le cas de Valls (Pilar MURGADAS, *El llibre de valies*,

Pour le moment, cette situation est observée dans des sources indirectes, sur lesquelles nous aurons l'occasion de revenir[30], et dans des déclarations de parents et d'enfants homonymes, et leur type de relation n'est explicité qu'à seule fin de les différencier[31].

V L'évolution de l'unité fiscale familiale

Telles sont les grandes lignes (nécessairement simplifiées) de l'image familiale qui nous est donnée dans les études qui se sont consacrées jusqu'à aujourd'hui aux livres de *manifests* ou *estimes* catalans du XIVe et du XIVe siècle. Une image qui, comme nous l'avons dit, révèle de nombreux indices sur l'existence d'une unité fiscale fondamentalement articulée autour de la famille nucléaire. Cependant, les recherches les plus récentes nous ont permis d'observer d'autres indices qui nous obligent à reformuler un certain nombre de questions à ce sujet.

De fait, les exceptions concernant la pratique décrite dans le chapitre antérieur nous indique qu'il ne s'agissait précisément que d'une pratique, et non d'une norme à respecter. Une autre circonstance à prendre en compte renvoie à la dynamique fiscale elle-même, puisque l'augmentation progressive de la pression fiscale exercée par les autorités municipales tout au long du XIVe et du XVe siècle conditionna aussi les processus d'élaboration des *manifests*. Et, enfin, nous ne saurions oublier l'évolution de l'institution familiale elle-même en Catalogne, ni les différences qui pouvaient exister d'une agglomération à une autre[32]. Dans ce contexte, il est logique de se demander si le modèle de famille fiscale précédemment décrit possédait un caractère permanent et omniprésent ou, dans le cas contraire, s'il était lui aussi assujetti à une évolution.

Comme nous l'avons dit, nous disposons de plusieurs indices qui vont dans ce sens et qui permettent, d'une manière plus concrète, de formuler deux hypothèses. L'une se fonde sur l'existence supposée d'une unité familiale élargie, antérieure à, ou contemporaine de la famille fiscale nucléaire, semblable à celle fondée sur la figure du *pater familias* héritée du droit romain ; l'autre, quant à elle, postule la fragmentation progressive desdites familles fiscales en fonction des différentes possibilités patrimoniales admises dans le droit privé catalan.

Nous avons déjà vu que ceux qui étaient habituellement désignés comme « *caps d'alberg* » (presque toujours des hommes) étaient chargés de déclarer les biens de tous les sujets fiscaux qui vivaient dans le même *alberg* ou *foc* et en principe,

---

p. 24-31). Et, enfin, sur les 342 déclarations des *estimes* de Reus de 1445, 272 individus (79,5 %) portent le même nom, dans des conditions identiques à celles de la Selva et de Valls ; J. MORELLÓ, *Demografia, societat i fiscalitat de Reus al segle XV : el llibre d'estimes de 1445*, mémoire de maîtrise resté inédit, Université de Barcelone, 1992, p. 224.

30. Voir note note 35.

31. À la Selva del Camp, par exemple, figurent les déclarations de Arnau Bover, *lo prohom*, et de Arnau Bover, *lo fill* ; de Ramon Cabot et de Ramon Cabot *pus jove* ; de Guillem Horta, *lo prohom* et de Guillemó Horta, *lo fill* ; de Pere Roca et de Pericó Roca, *lo fill* ; et de Ramon Vives et Ramonet Vives, *lo fill* (Pilar MURGADAS, *El llibre de valies*, p. 24-31).

32. Voir, à ce titre, les réflexions et les exemples développés dans les études citées dans la note 2 du présent travail.

nous avons été tentés d'assimiler ces unités aux familles nucléaires[33]. Toutefois, une étude plus approfondie des *manifests* révèle que les termes d'*alberg* et de *foc* sont également employés pour désigner une famille élargie qui pouvait regrouper plusieurs générations sous un même toit.

En effet, comme nous l'avons déjà indiqué, la première information qui émane des déclarations de biens des contribuables concerne le phénomène de la représentation. Les *manifests* ou *estimes* ne contenaient pas la déclaration de tous les habitants ni de tous les propriétaires soumis à l'impôt étant donné que les autorités locales permettaient à une personne physique de déclarer, à son initiative ou par prescription légale, des propriétés qui n'étaient pas les siennes. Par conséquent, et en laissant de côté le cas des contribuables absents ou de ceux qui n'avaient pas la capacité légale de déclarer, il ne semblait pas exister d'empêchement quelconque à ce qu'une personne décide volontairement de déclarer au nom d'un parent, qu'il s'agisse du conjoint, du géniteur, du fils, du frère, du petit-fils[34]...

Nous avons également connaissance des discussions que suscitèrent les limites de la représentation familiale au XVe siècle. À ce sujet, des dispositions municipales indiquent que les différents couples vivant dans une même maison devaient déclarer ou se manifester séparément pour éviter la dissimulation des biens par le biais de déclarations conjointes imprécises. À Cervera par exemple, une commission de notables interrogeait le Conseil pour savoir si deux habitants d'une même maison – un parent et un enfant, un oncle et un neveu, etc. –, mariés tous les deux, devaient faire des déclarations séparées; et la réponse fut que tout couple habitant dans la même maison, au nombre de deux ou supérieur à deux, devait faire une déclaration séparée[35]. Cette information permet de déduire, *a contrario*, que l'unité fiscale structurée autour de la famille nucléaire n'était pas toujours respectée[36].

Enfin, un autre indice significatif concerne la distinction qui allait être progressivement opérée au sein des *manifests* entre le concept d'*alberg* (logement) et celui de *casa* (maison), ce dernier terme étant utilisé pour désigner une dépendance plus petite au sein de la demeure dans son ensemble[37]. Il semble pour le moins

33. Dans le cas des fouages, nous relevons aussi l'expression de *cap de família* (notamment dans l'ouvrage de Josep Iglésies Fort: *Com es feia un fogatge*, dans *VIII Assemblea Intercomarcal d'Estudiosos*, Montblanc, 1967, p. 139-160).

34. Voir les exemples de M. Turull et J. Morelló, *Estructura y tipología*, p. 287-289, 303.

35. En 1427, une comission de *prohoms* de ce bourg interrogeait le conseiller municipal « [...] *si dos habitants en una casa axí com són pare e fill, oncle e nebot e semblants, havents quascú ses mullers, si·ls seran fets dos manifests a quascú lo seu...* » et la réponse était « [...] *que sien fets manifests separadament a aquells qui ensemps habiten en una casa, vulles sien dos o pus, segons fins ací és acustumat...* » (ACC, FM, Consells, 1427, f° 23 r°-v°, 30/01/1427). Cependant, en 1433, Joan Vaell, *major de dies*, se plaignait car les conseillers l'obligeaient à payer une taille extraordinaire, de même qu'à son fils considéré comme mullerat, un statut qu'il avait déjà auparavant trois ans auparavant sans pourtant avoir eu à s'acquitter d'une telle assiette. (ACC, FM, Consell, 1433, f° 45 v°, 19/11/1433).

36. Une information similaire peut être déduite d'un document daté de 1465 dans la ville de Reus, dans lequel il était précisé « [...] *que axí pach cascun casat e vídues e pobils...* » (J. Morelló, *Demografia, societat i fiscalitat de Reus*, p. 229).

37. Durant le XIVe et le XVe siècle, la distinction entre *alberg* et *casa* est faite dans les *manifests* de nombreuses communes de Catalogne, et certains d'entre eux indiquent également l'existence de *cases* au sein d'*albergs* « [...] *li fo preat una casa que ha dins l'alberch d'en R. Solsona...* » (Arxiu Històric Comarcal de Valls, Estimes, 1397, f° 194 v°) ; « [...] *una casa a l'alberg de son germà...* » (Arxiu Històric

curieux qu'au XIVe siècle les déclarations d'*albergs* (logements) dépassent largement en nombre celles relatives aux *cases* (maisons), et que cette tendance s'inverse progressivement au XIVe siècle, au moment où apparaissent d'autres symptômes de fragmentation des anciens *focs*. Certes, ce changement pouvait aussi refléter une mutation du système de logement, mais à un moment de récession démographique il n'est pas très logique de penser à une fragmentation de l'espace plutôt qu'à une transformation du modèle de famille fiscale[38].

Devant tant d'indices, nous ne pouvons éviter de nous demander dans quelle mesure le *cap d'alberg* était simplement le représentant d'une famille nucléaire et dans quelle mesure il pouvait l'être aussi d'une famille plus élargie. Cette question est d'autant plus pertinente quand, à l'instar d'autres domaines, l'influence du droit romain sur la fiscalité devient manifeste en Catalogne et dans ce cadre, l'hypothèse concernant le concept d'une famille plus ou moins élargie soumise à l'autorité du *pater familias* classique est pour le moins valable. En effet, certaines pratiques observées indiquent que même arrivés à l'âge de la majorité (vingt-cinq ans, en Catalogne), les enfants qui pouvaient normalement s'émanciper continuaient à être représentés par le chef de famille, et ce au moins jusqu'à leur mariage. Et nous disons « au moins » car, comme nous l'avons déjà signalé, il n'était pas rare que plusieurs couples vivent sous le même toit en formant une même unité économique et familiale. Rappelons aussi qu'en réduisant le nombre des déclarations, les autorités municipales pouvaient simplifier de manière conséquente la procédure administrative complexe liée au partage des biens et à la taille, et que ce procédé pouvait abriter une stratégie fiscale des contribuables eux-mêmes, fondamentalement destinée à occulter une partie de leurs biens par le biais de grandes déclarations conjointes[39].

En ce qui concerne le deuxième point abordé, il faut prendre en compte qu'à partir de la fin du XIVe siècle, de nombreuses localités catalanes connaissent un développement fiscal intense, fondamentalement engendré par la dette à long terme contractée par les conseillers municipaux pour s'acquitter des sommes demandées par le roi/seigneur ou pour couvrir d'autres nécessités de la communauté. Le remboursement de la dette oblige les autorités locales à augmenter considérablement la pression fiscale déjà exercée sur les contribuables, tant dans le domaine de l'impôt direct que de l'impôt indirect. Dans le cas des impôts directs, cet accroissement

---

Comarcal de Reus, Estimes, 1445, f° 268 r°) ; « [...] *l'alberch en què sta amb la casa que ha comprada d'en P. Ferrer...* » (Arxiu Comarcal d'Igualada, Valies, 1481). Voir M. TURULL- J. MORELLÓ, *Estructura y tipología...*, p. 302, n° 96. Dans ce sens, il convient aussi de relever la nette différence entre la valeur moyenne des *albergs* et celle des *cases* : en 1476, par exemple, la valeur moyenne d'un *alberg* dans le *manifest* de Cervera était de 869 *sous barcelonesos* [=s. b.], tandis que celle d'une *casa* n'était que de 265 s. b. (J. CANELA, *Cervera a finals del segle XV...*, p. 125-126). Une différence qui est également relevée dans le cas de Reus par J. MORELLÓ, *Demografia, societat i fiscalitat de Reus al segle XV : el llibre d'estimes de 1445*, memoria de licenciatura inédita, Université de Barcelone, 1992, p. 283 et 285.

38. À Manresa, par exemple, entre 1408 et 1411, un *manifest* relève l'existence de 655 albergs et de 25 *cases* ; en 1453, on trouve 485 *albergs* et 22 *cases* ; entre 1485 et 1487, 191 *albergs* et 99 *cases* ; et entre 1490 et 1493, 96 *albergs* et 260 *cases* (M. TORRAS, *La crisi del segle XV a Manresa*, p. 43-54). D'après J. Morelló, les villes de Reus et de Valls présentent de grandes similitudes car la relation quantitative entre *albergs* et *cases* s'inverse tout au long du XVe siècle. (M. TURULL- J. MORELLÓ, *Structure et typologie...*, p. 414, n° 97).

39. De là aussi l'existence précoce des dispositions citées dans la note 18 de la présente étude.

de la pression fiscale se traduit par l'augmentation des taxes sur la valeur des biens, de même que par une série de mesures complexes destinées à optimiser la levée des impôts et à détecter l'existence de biens non déclarés[40].

Les principales répercussions de cette politique touchent donc la famille. Nous savons que les contribuables cherchèrent de nouveaux moyens de fraude, en profitant notamment des échappatoires offertes par certaines situations juridiques admises, là encore, dans le droit privé. La réaction des autorités locales fut immédiate et se traduisit par la transformation progressive de l'unité fiscale standard en un modèle strict de famille plus ou moins élargie (preuve évidente, bien que *a contrario*, de l'existence du modèle précédent).

Au XVe siècle, les problèmes que commencent à susciter les *manifests* ou les déclarations individuelles des mineurs ayant fait l'objet d'une émancipation sont la preuve intéressante de cette transformation de l'unité fiscale[41]. Comme nous l'avons vu, ces contribuables étaient habituellement intégrés au foyer fiscal, mais les plaintes des autorités municipales indiquent des exceptions : les contribuables les plus riches de certaines localités profitaient par exemple d'une norme selon laquelle les *fadrins* (enfants célibataires) n'étaient imposés que sur les biens meubles, et émancipaient leurs enfants pour leur léguer des propriétés et obtenir ainsi une réduction d'impôts[42].

Ce type de fraudes concerne aussi les femmes comme l'attestent les plaintes enregistrées à leur encontre dans les registres municipaux. Les reproches aux époux/enfants renvoient aux déclarations de biens dotaux et paraphernaux de leurs épouses/mères qui permettaient de réduire leurs impôts[43]. Et, enfin, le même objet de plainte concerne les veuves qui réussissaient à se dérober à l'imposition (principalement des biens dotaux) des années durant, tant que les conseillers municipaux ne procédaient pas à l'examen des propriétés après la disparition du *cap d'alberg*[44].

---

40. La ville catalane qui a fait l'objet de l'étude la plus affrondie à ce jour et qui fournit la part la plus importante des informations que nous donnons ici : P. Verdés, « *Administrar les pecúnies e béns de la universitat* ». *La política fiscal i les estratègies financeres d'un municipi català a la baixa Edat Mitjana (Cervera, 1387-1516)*, thèse de doctorat, Université de Barcelone, 2004, p. 870 et suiv.
41. Sans oublier les dispositions relatives aux fouages dans la seconde moitié du XIVe siècle (note 18).
42. En 1462 par exemple, une comission de *prohoms* de Cervera dénonçait que l'une des méthodes utilisée par quelques-uns des contribuables les plus riches pour payer moins d'impôts consistait à « [...] *per via que han emancipat fills...* » (ACC, FM, Consells, 1462, f° 44 r°, 24/02/1462). De même en 1486, le Conseil de la même localité donnait raison à Salvador Gotsens lorsque celui-ci affirmait que son frère, Pere Gotsens, ne pouvait pas être imposé sur ses biens meubles « [...] *que li par contra forma de açò que no és acustumat de fer portar moble e caball a fadrins qui no són casats...* » (ACC, FM, Consells, 1486, f° 66 r°, 20/12/1486).
43. Nous nous reportons de nouveau à un document provenant de Cervera, daté de 1480, dans lequel les conseillers se plaignaient des pratiques de nombreux habitants qui avaient cédé *de manière fictive ou frauduleuse une partie* de leurs biens à leurs enfants, mères, épouses, frères et autres à seule fin d'éviter les quelques responsabilités municipales auxquelles devaient faire face les contribuables les plus riches de la ville (ACC, FM, Consells, 1480, f° 7 v°, 08/12/1479). Bien que l'objectif de la pratique décrite ne soit pas vraiment précisé, d'autres documents présentent les mêmes descriptions dans la ville de Barcelone, comme l'indique la biographie du notaire Nicolau de Mediona, M. Teresa Ferrer Mallol, « Nicolau de Mediona. Un notaio a Barcellona nel secolo XV », *Napoli nobilissima*, XXXIII (1994), p. 89-100, esp. 96.
44. Dans la commune déjà citée de Cervera, le Conseil nommait une comission spéciale en 1403 pour contrôler « [...] *alcunes vídues e altres que no són tallats en questa...* » (ACC, FM, Consells, 1403,

Toutes ces informations confirment l'hypothèse d'une transformation du modèle fiscal existant, laquelle permettrait aussi d'expliquer les anomalies observées dans l'analyse quantitative des déclarations contenues dans les *manifests* ou *estimes* de certaines localités : à Cervera, par exemple, à un moment de récession démographique tout à fait manifeste, le nombre de contribuables se maintient, voire augmente[45]. Nous ne disposons malheureusement pas d'autres exemples qui puissent confirmer cette hypothèse pour le moment, pas plus que de chiffres qui nous permettent de parler d'une augmentation du nombre de déclarations correspondant aux enfants émancipés, aux femmes mariées et/ou aux veuves.

Ce qui est par contre évident, au XVe siècle, c'est le recours des contribuables au droit privé et à différentes stratégies fiscales pour payer moins d'impôts (ou ne pas en payer du tout), et l'augmentation consécutive du contrôle fiscal des autorités municipales sur les citoyens. Cette mesure peut être interprétée comme la volonté d'augmenter le nombre des déclarations, et par là même, le montant total des perceptions fiscales.

VI Conclusions

Durant les siècles du bas Moyen Âge, les pratiques fiscales indiquent que la famille nucléaire en Catalogne ne correspondait pas tout à fait au modèle romain justinien de famille élargie soumise à l'autorité et au contrôle patrimonial du *pater familias*. Cette apparente rupture entre pratique familiale *de facto* et *de iure* n'était liée, en réalité, qu'à la diversité des pratiques existantes comme celles de familles élargies issues du droit romain.

Par ailleurs, il est évident que l'existence d'un droit fiscal spécifique en Catalogne est postérieure au XIVe et au XVe siècle et que ce sont les différentes pratiques juridiques elles-mêmes qui donnent naissance au droit administratif de caractère fiscal. Cependant, ces mesures fiscales ou administratives, bien qu'encore empruntes du droit de la réception, sont appliquées en fonction des situations et des familles existantes. Et si l'on prend en compte le fait que l'efficience du système fiscal était assimilée à la capacité de grever un maximum de biens et de personnes possible, il peut raisonnablement être déduit que les failles des normes fiscales étaient mises à profit par les autorités pour procéder à l'imposition de tous et de toutes, et par les contribuables dans un sens diamétralement opposé. La pratique fiscale reflète par conséquent la pratique familiale et l'on ne devrait pas rejeter l'idée que certaines pratiques familiales étaient liées à des intérêts déterminés.

---

f° 22 r°, 08/02/1403) et, en 1410, les autorités disposaient « [...] *que com moltes dones, aprés morts de lurs marits, recobrants sos drets dels béns d'aquells diminuesquen moltes heretats portant-se'n ço que cobren ffranch, lo dit conseyll volch que axí matex en açò sie provehit segons als dits pahers o major partida d'ells serà ben vist fahedor...* » (ACC, FM, Consells, 1410, f° 19 r°, 10/02/1410). Concernant ce point, nous renvoyons également à la note 18.

45. Le *manifest* de 1366 relatif à la Plaça, le quartier principal de la ville de Cervera, comptait 188 déclarations d'une valeur totale de 1 269 867 s. b., et en 1476, suite aux désastres de la Guerre Civile catalane, le nombre de *manifestants* s'élevait à 230 personnes, mais la valeur totale des déclarations avait baissé : 749 837 s. b. (M. TURULL- J. RIBALTA, *Ciutat i poder...*, fig. 6 ; J. CANELA, *Cervera a finals del segle XV...*, p. 479).

Comme nous l'avons signalé dans l'introduction de ce travail, les questions qui restent à explorer à ce sujet sont nombreuses. Parmi les différentes lignes de recherche possible figurent l'étude de la création d'un droit fiscal et administratif sur le plan municipal ; l'influence de l'*ius commune* – et notamment du droit privé, droit de la famille, droit royal et d'obligations etc. – dans l'élaboration de ce nouveau droit fiscal ; les différents rôles joués dans ce sens par le droit romain justinien, le droit canonique et, tout particulièrement, la doctrine des glosateurs et des commentateurs, tant sur le plan général (qui est le noyau dur des juristes Bolognais) que local (la doctrine juridique, qui doit aussi être rattachée à la famille du droit commun des juristes catalans).

La femme mariée et l'impôt direct dans le Midi de la France (XIVe-XVIe siècle)

Florent GARNIER
Professeur d'histoire du droit – Clermont-Ferrand, Université d'Auvergne

Voici près de 20 ans, la *Revue française de Finances publiques* publiait un numéro spécial sur la famille et l'impôt[1]. Jean-Jacques Bienvenu concluait son article en évoquant l'existence de « deux logiques fiscale et familiale qui parfois se superposent, quelquefois se neutralisent mais jamais sont présumées s'ignorer[2] ». De récents débats fiscaux ont éclairé ces deux logiques et l'intérêt de préciser la définition du foyer fiscal[3]. C'est la loi de finances pour 1946 qui a posé le principe qu'en matière d'imposition sur le revenu, le foyer fiscal devait être pris en compte. Il est aujourd'hui entendu comme une « unité socio-économique de base où les ressources sont mises en commun, où se décident la consommation et l'épargne » (11e rapport du Conseil des impôts en 1990). Ce foyer constitue selon la formule du Conseil constitutionnel une « unité d'imposition[4] ».

À porter notre regard vers le passé, la détermination de l'unité d'imposition n'est pas toujours chose évidente. Si l'on peut aujourd'hui déterminer sans trop de mal les contours de ce foyer fiscal, l'expression même n'a pas toujours revêtu le même sens. Paul Dognon s'est intéressé à l'évolution de cette notion de foyer fiscal[5] tout comme le fit quelques années plus tard Borelli de Serres[6]. Élisabeth Carpentier et Jean Glénisson ont également fait remarquer, voici quarante ans, l'intérêt qu'il y aurait à étudier le passage du feu réel au feu fiscal[7]. Diverses études ont depuis

1. *La famille et l'impôt, Revue française de Finances publiques*, n° 14, 1986, p. 1-143.
2. J.-J. BIENVENU, « L'impôt sur le revenu et le droit de la famille », *La famille et l'impôt, Revue française de Finances publiques*, 14, 1986, p. 77.
3. Cons. const., n° 99-419 DC, 9 nov. 1999, Loi relative au Pacte civil de solidarité.
4. Cons. const., n° 81-133 DC, 30 déc. 1981, Loi de finances pour 1982 (impôt sur les grandes fortunes).
5. P. DOGNON, *Les institutions politiques et administratives du pays de Languedoc, du XIIIe siècle aux guerres de religion*, Toulouse-Paris, 1895, p. 619-631.
6. Colonel BORELLI DE SERRES, *Recherches sur divers services publics du XIIIe au XVIIe siècle*, vol. 3, Paris, 1909, p. 389-436, en particulier p. 429-430.
7. E. CARPENTIER, J. GLÉNISSON, « Bilans et méthodes : La démographie française au XIVe siècle », *Annales Economie Société Civilisation*, 1962, p. 129.

suivi cette voie. Les travaux d'Henri Dubois[8], d'Arlette Higounet-Nadal[9] et d'Albert Rigaudière[10] y occupent une place de choix en relation avec le développement de la fiscalité royale qui repose davantage sur l'impôt de répartition.

Le feu est devenu alors incontournable pour le développement de la fiscalité d'État. La monarchie cherche au début du XIVe siècle à mieux connaître le nombre des contribuables à défaut de pouvoir saisir de manière précise la composition des fortunes individuelles. Si de premiers documents donnant des informations sur la composition des patrimoines apparaissent dans les villes du Midi à partir de la seconde moitié du XIIIe siècle[11], l'administration royale n'y a pas accès. Son attention se porte davantage sur le dénombrement des feux. En 1303, des conseillers de Philippe le Bel lui soumettent l'idée de « fere escrire tous les feus du reaume[12] ». Il faut attendre 1328 pour que Philippe VI dispose d'un état des feux du royaume avec un document de synthèse : *Les paroisses et les feuz des baillies et sénéchaussées de France*[13]. Les feux ainsi dénombrés révèlent l'existence de foyers avec à leur tête le chef de famille qui est seul responsable de l'impôt dû pour l'ensemble des personnes qui sont rattachées à lui. On appréhende ainsi le feu comme unité contributive réelle. Elle s'impose à la monarchie pour lever l'impôt. Il y a là une nécessité pour le pouvoir royal d'avoir une connaissance aussi précise que possible du nombre de feux dans chaque communauté. Parvenu à un résultat pour le moins satisfaisant en 1328, la monarchie dispose néanmoins de moyens insuffisants pour tenir à jour ce dénombrement de feux d'autant que la population du royaume doit faire face à de nombreuses crises. Quelques tentatives isolées cherchent à compléter le travail mené en 1328. C'est le cas par exemple dans la sénéchaussée du Rouergue en 1341[14].

Le feu n'apparaît pas encore comme une unité théorique de répartition. Il l'est devenu de manière progressive dans la seconde moitié du XIVe siècle au moment où la fiscalité royale s'est pleinement développée. La chronologie du passage du feu réel au feu fictif peut être précisée pour de nombreuses localités entre 1360 et 1430.

8. H. DUBOIS, « L'histoire démographique de Chalon-sur-Saône à la fin du XIVe siècle et au début du XVe d'après les "recherches de feux" », *Annales de la Faculté de Lettres et de Sciences humaines de Nice*, t. 17, 1972, p. 89-109.
9. A. HIGOUNET-NADAL, *Périgueux aux XIVe et XVe siècles. Étude de démographie historique*, Bordeaux, 1978, p. 172 et suiv.
10. A. RIGAUDIÈRE, « Les révisions de feux en Auvergne sous les règnes de Charles V et de Charles VI », *Gouverner la ville au Moyen Âge*, Paris, 1993, p. 359 et suiv. ; A. RIGAUDIÈRE, « La répartition de l'impôt royal en Auvergne sous les règnes de Charles VI et de Charles VII », *Commerce, finances et société (XIe-XVIe siècle), Cultures et Civilisations médiévales*, IX, Ph. CONTAMINE, Th. DUTOUR et B. SCHNERB (textes réunis par), Paris, 1993, p. 261-286 ; A. RIGAUDIÈRE, « Les révisions de feux à Nîmes dans la seconde moitié du XIVe siècle », *Finances, pouvoirs et mémoire. Hommages à Jean Favier*, Paris, 1999, p. 203-207.
11. Pour la bibliographie, *La fiscalité des villes au Moyen Âge (Occident méditerranéen), 2. Les systèmes fiscaux*, Toulouse, 1999, p. 529-532.
12. A. SPONT, « La taille en Languedoc de 1450 à 1515 », *Annales du Midi*, VII, 1890, p. 384, note 1.
13. F. LOT, « L'état des paroisses et des feux de 1328 », *Bibliothèque de l'Ecole des Chartes*, XC, 1929, p. 51-107, en particulier p. 53-58, et p. 256-315. Un travail très précis est mené par des commissaires royaux pour comptabiliser près de 2,5 millions de feux (2 469 987) correspondant à 23 671 paroisses regroupées en 33 circonscriptions.
14. A. MOLINIER, « La sénéchaussée de Rouergue en 1341 », *BEC*, 49, 1883, p. 452-488 ; A. GUÉRY, « La population du Rouergue de la fin du Moyen Âge au XVIIIe siècle », *AESC*, 1973, p. 1555-1576.

Ce glissement est le fruit de la procédure de révision des feux qui fait intervenir administrateurs urbains et commissaires royaux. Ces « réparations » et « modérations » ont pour conséquence de faire du feu une clé de répartition de l'impôt. Figure imposée tant du point de vue de la monarchie que des États provinciaux et des villes médiévales, le feu va devenir un enjeu de négociation à mesure qu'il devient une unité contributive fictive[15]. Ainsi « le feu réel s'est éteint pour laisser au feu fiscal le soin d'entretenir la flamme toujours plus vive du fisc[16] ». C'est le résultat de cette évolution qui a été souvent pris en compte pour faire état de la notion de feu tant par Secousse dans le recueil des *Ordonnances des Rois de France*[17] que Vuitry et Spont à la fin du XIXe siècle[18]. Il s'agit alors d'une « abstraction fiscale et administrative[19] ».

À considérer le feu dans son acception réelle en relation avec l'idée de ménage, on mesure dans la documentation fiscale médiévale combien il est parfois peu évident de saisir les membres du foyer. Bien souvent, pour le Midi, seul le *cap d'hostal* – chef de maison – le plus souvent un homme, est mentionné dans ces registres. Il est rare comme en Toscane, dans le dernier quart du XIVe siècle, que l'on puisse recenser « les têtes de chaque famille et la famille de chacun des chefs de famille, dans une seule et même résidence et qui vivent ensemble à un pain et un vin[20] ». Les difficultés pour saisir les membres du foyer fiscal expliquent pour une bonne part le peu d'intérêt qu'a suscité l'étude de la femme d'un point de vue fiscal au Moyen Âge. Si de belles études ont été consacrées à la condition juridique de la femme[21], sa place dans les sources fiscales n'a guère retenu l'attention[22]. Il est

15. A. RIGAUDIÈRE, « Les révisions de feux en Auvergne sous les règnes de Charles V et de Charles VI », *Gouverner la ville...*, p. 366-369 et p. 389 ; A. RIGAUDIÈRE, « La répartition de l'impôt royal en Auvergne sous les règnes de Charles VI et de Charles VII », *Commerce, finances et société (XIe-XVIe siècles)...*, p. 261-286.
16. A. RIGAUDIÈRE, « Feu », Cl. GAUVARD, A. DE LIBERA, M. ZINK (dir.), *Dictionnaire du Moyen Âge*, Paris, PUF, coll. « Quadrige », 2002, p. 527.
17. *ORF*, III, p. 337 n. b et *ORF*, VI, p. VI-VII : « une certaine portion de territoire, laquelle on jugeait pouvoir porter la quotité de l'imposition qui devait être levée sur chaque feu, et chaque habitant qui y demeurait, à la nature de leurs terres, aux fruits qui s'y recueillaient, au commerce qui s'y faisait ».
18. A. SPONT, « La taille en Languedoc de 1450 à 1515 », *Annales du Midi*, 1890, p. 375,
19. A. VUITRY, *Études sur le régime financier de la France avant 1789*, II, Paris, 1878-1887, p. 167.
20. Ch. KLAPISCH-ZUBLER, *Les Toscans et leurs familles. Une étude du catasto florentin de 1427*, Paris, 1978, p. 471.
21. P. PETOT, « Les meubles des époux au Moyen-Âge d'après les coutumes françaises », *Revue internationale des droits de l'Antiquité. Mélanges de Visscher*, t. II, 1949 ; P. PETOT et A. VANDENBOSSCHE, « Le statut de la femme dans les pays coutumiers français du XIIIe au XVIIe siècle », *Recueil de la Société Jean Bodin, XI et XII, La femme*, vol. 2, Bruxelles, 1962, p. 243 et suiv. ; J. HILAIRE, *Les régimes des biens entre époux dans la région de Montpellier du début du XIIIe siècle à la fin du XVIe siècle*, Montpellier, 1957 ; P. OURLIAC, « L'évolution de la condition de la femme en droit français », *Annales de la Faculté de droit de Toulouse*, 1966, t. XVI, fasc. II, p. 43-71 ; J.-M. CARBASSE, « La condition de la femme mariée en Languedoc (XIIIe-XIVe siècle) », *Cahiers de Fanjeaux*, no 23, 1988, p. 99 et suiv. ; L. VERDON, « La femme en Roussillon aux XIIe et XIIIe siècles : statut juridique et économique », *Annales du Midi*, 1999, p. 293-309. Voir encore, J. PORTEMER, « Le statut de la femme en France depuis la réformation des coutumes jusqu'à la rédaction du Code civil », *Recueil de la Société Jean Bodin, XII, La femme*, 1962, p. 447-497.
22. On note la quasi absence d'évocation du traitement fiscal de la femme et de ses biens, *Recueil de la Société Jean Bodin, XI et XII, La femme*, 2 vol., Bruxelles, 1959, 1962. Quelques recherches font état de la question. J. FAVIER, *Les contribuables parisiens à la fin de la guerre de Cent Ans. Les rôles d'impôts de 1421, 1423 et 1438*, Paris-Genève, 1970, p. 11-12 ; A. RIGAUDIÈRE, *L'assiette de l'impôt direct à la*

vrai que les feux féminins représentent un pourcentage modeste. Ils varient entre 5 et 20 % au cours des XIVe et XVe siècles dans les villes du Midi[23]. Le fisc ne s'intéresse pas seulement à ces femmes placées à la tête d'un foyer. Les femmes mariées rattachées à leur mari chef de feu suscitent également l'intérêt. Le statut juridique de la femme mariée au Moyen Âge et le régime des biens des époux sont choses bien connues[24]. Pour autant le traitement fiscal de la femme en général et celui de ses biens en particulier restent souvent dans l'ombre. La documentation urbaine relative à l'assiette, la liquidation et au recouvrement de l'impôt[25] facilite la collecte de diverses données. Des sources financières indirectes tels par exemple les statuts urbains et les registres de délibération peuvent également contribuer, malgré des informations éparses et au prix d'importants dépouillements, à éclairer la situation fiscale de la femme. Il convient de confronter les informations recueillies avec notamment les règles et la pratique du régime matrimonial.

Tenter d'apporter quelques réponses à la question du traitement fiscal des biens de la femme mariée requiert alors de s'immiscer dans l'intimité familiale révélée par les actes notariés, de s'interroger sur les règles du régime dotal perçues par les juristes et de saisir les choix opérés par les administrations financières urbaines à travers l'examen de leurs sources. Quel est alors le régime fiscal des biens dotaux (I) et des biens extra dotaux (II) ?

I Le régime fiscal des biens dotaux

La dot représente souvent le seul « bien » de la femme, un gain de survie qui lui revient à la dissolution du mariage et sa part d'héritage « anticipée » du fait de l'exclusion successorale des filles dotées. La dot en principe ne se présume pas. Les recherches menées à partir des écrits de la doctrine et des actes de la pratique ont mis en évidence la divergence à propos de la propriété de la dot. L'influence du droit romain a contribué pour certains à faire du mari le propriétaire de la dot. L'étude de la pratique notariale provençale et languedocienne a davantage mis en lumière la reconnaissance de la propriété des immeubles dotaux à la femme, le mari ayant

fin du XIVe siècle. Le livre d'estimes de Saint-Flour pour les années 1380-1385, Paris, 1977, p. 44-49, A. Rigaudière, « Comptabilité municipale et fiscalité : l'exemple du livre de comptes des consuls de Saint-Flour pour l'année 1437-1438 », *La fiscalité des villes…, 1*, p. 110-111 et A. Rigaudière, « L'assiette de l'impôt direct dans le compoix du Puy-en-Velay de 1408 », *La fiscalité des villes…, 2*, p. 309-313. H. Dubois, « Les feux féminins à Dijon aux XIVe et XVe siècles (1394-1407) », *Actes du colloque La femme au Moyen Âge tenu à Maubeuge en 1988*, Maubeuge, 1990, p. 395-405.

23. Par exemple, A. Rigaudière, « L'assiette de l'impôt direct dans le compoix du Puy-en-Velay de 1408 », *La fiscalité des villes…*, 2, p. 309. F. Clavaud, « Évolution et structures de la population à Cajarc, consulat du Haut-Quercy, au XIVe siècle : un exemple du cas des petites villes », *Population et démographie au Moyen Âge, 118e Congrès national des soc. hist et scient.*, Pau, 1993, p. 76 note 65. M. Zerner, « Le cadastre de Carpentras à l'épreuve des autres sources », *Les cadastres anciens des villes et leur traitement par l'informatique*, Collection de l'École française de Rome – 120, Palais Farnèse, 1989, p. 143 et p. 148-149.

24. Pour la bibliographie, A. Lefebvre-Teillard, *Introduction historique au droit des personnes et de la famille*, Paris, 1996, p. 160-164.

25. F. Garnier, « Transiger avec l'administration financière urbaine : l'exemple d'accords fiscaux à Millau (XIVe-XVe siècles) », *La fiscalité des villes au Moyen Âge (Occident méditerranéen). 4. La gestion de l'impôt*, Toulouse, 2004, p. 239-258.

l'usufruit[26]. En principe, la dot est remise au mari. Il peut en recueillir les fruits et les revenus. Il en dispose librement sauf pour les biens immobiliers où le concours de la femme est nécessaire. L'examen de registres fiscaux et de la pratique notariale éclairé par la littérature juridique et financière met en lumière un faisceau d'indices qui permet d'apprécier la place des biens dotaux dans les sources de la pratique financière et la réflexion menée par les auteurs de traités de droit fiscal à propos du critère d'imposition du mari à la taille pour les biens dotaux de son épouse.

A – L'absence d'individualisation des biens dotaux dans les sources fiscales

Le lecteur des livres d'estimes et des compoix des XIVe et XVe siècles peut difficilement saisir les biens dotaux sauf à croiser le contenu de ces registres avec les registres notariés[27]. Deux éléments éclairent l'absence d'individualisation de ces biens dans la déclaration du mari.

Tout d'abord, à la lumière de la pratique notariale, l'évolution de la composition de la dot ainsi que les modalités de son versement constituent une première explication. Constituée d'immeubles au XIIIe siècle, la dot se compose ensuite à partir du milieu du XIVe siècle en grande partie de meubles et plus spécialement de numéraire dont le paiement tend à être de plus en plus échelonné voire ineffectif. Les actes notariés mettent en lumière que les pratiques de l'énumération des meubles[28] et celle de leur estimation sont peu observées dans la région de Montpellier et de Ganges avant la fin du XVIe siècle[29]. L'inventaire des biens dotaux soit dans le contrat de mariage soit dans une quittance donnée par le mari pendant le mariage, en vue de leur restitution, se développe mais rares sont les cas où l'on distingue entre les différentes catégories de biens[30]. Il pouvait y avoir là une idée pour individualiser les biens de l'épouse. Le juriste Étienne Bertrand allait dans le même sens en préconisant de marquer d'un signe distinctif les biens de la femme et du mari[31]. Toutefois, les administrations urbaines ne semblent pas avoir choisi cette voie. Ainsi au moment où les livres destinés à asseoir l'impôt direct dans le Midi se développent en nombre, c'est également le temps où la dot est en grande partie mobilière. On sait les difficultés que les villes ont rencontrées pour connaître de manière précise et taxer les meubles[32]. Le plus souvent les administrations fiscales urbaines

26. G. de BONNECORSE DE LUBIÈRES, *La condition des gens mariés en Provence*..., *op. cit.*, p. 48 ; J. Hilaire, *Le régime des biens des biens entre époux dans la région de Montpellier du début du XIIIe siècle à la fin du XVIe siècle*, Paris, 1957, p. 82-83.
27. Dans ce sens, L. STOUFF, *Arles à la fin du Moyen Âge*, Aix-en-Provence, 1986, p. 334 et suiv. ; M. ZERNER, « Le cadastre de Carpentras à l'épreuve des autres sources », *Les cadastres anciens des villes et leur traitement par l'informatique*, collection de l'Ecole française de Rome – 120, Palais Farnèse, 1989, p. 132-135.
28. Pour des exemples d'énumération des biens meubles dans les registres notariés de Millau dans les années 1440, Arch. dép. Aveyron, 3E 11421, f° 45 r° ou encore f° 57 r°.
29. J. HILAIRE, *Le régime des biens*..., *op. cit.*, p. 99.
30. *Ibidem*., p. 99-100.
31. P. OURLIAC, *Droit romain et pratique méridionale au XVe siècle. Étienne Bertrand*, Paris, 1937, p. 125.
32. Ph. WOLLF, *Les « estimes » toulousaines*..., *op. cit.*, p. 71. A. RIGAUDIÈRE, « Connaissance, composition et estimation du moble à travers quelques livres d'estimes du Midi français (XIVe-XVe siècles) », *Gouverner la ville au Moyen Âge*, Paris, 1993, p. 319-357.

choisissent de retenir une simple valeur chiffrée globale, le caractère plus facilement dissimulable de la matière les conduit également à la taxer plus lourdement que les immeubles. Tel est le cas à Narbonne, Millau, Toulouse et Albi[33]. Lorsque la dot mobilière se transforme en rente de plus en plus estimée en argent[34], son paiement soulève d'importantes difficultés[35]. Aussi, il est fort probable que l'évolution de la composition de la dot et les modalités de son versement expliquent son absence d'indication précise dans les documents de la pratique fiscale malgré le principe de l'imposition affirmé par les juristes.

Une deuxième raison de l'absence d'individualisation des biens dotaux dans la déclaration du mari tient à la gestion de ces biens. Si l'épouse conserve en principe la propriété des biens dotaux, dans les faits le mari en a souvent l'administration. En effet, la puissance maritale qui s'exerce sur la femme se manifeste également sur ses biens. La femme « est en la puissance de son mari quant aux biens dotaux ». Aussi, ces biens sont inclus dans l'inventaire du chef de feu sans que l'on juge opportun de les individualiser. Il en recueille notamment les fruits. C'est sur ce terrain que des juristes se sont placés pour poser le principe sans doute de manière générale dans le Midi, que le mari, percevant de tels fruits, doit s'acquitter de la taille pour les biens dotaux de sa femme.

B – La perception des fruits, critère d'imposition du mari pour les biens dotaux de sa femme

Quelques exemples tirés de la littérature juridique et financière mettent en lumière le critère de la perception des fruits dotaux par le mari pour justifier qu'il paye la taille pour les biens de sa femme.

Un premier exemple est donné par Jean Masuer. Le titre XXXVIII de sa *Practica Forensis* consacré aux tailles fait cas de cette question pour l'Auvergne[36]. La justification de l'imposition des « choses dotales » repose sur un raisonnement a contrario par rapport aux biens extra dotaux. Pour ceux-ci, le mari ne percevant pas les fruits, il ne doit pas s'acquitter de l'impôt qui pèse sur eux. En revanche le mari doit payer les impositions qui pèsent sur les biens dotaux. Si le mari en est le maître (*est dominus dotis constante matrimonio*), « la dot n'est censée être des biens du mari[37] ». La notion de « maître » renvoie alors à celle que l'on rencontre en d'autres régions dans la pratique notariale. Masuer insiste sur le fait que ce n'est pas en tant que « propriétaire » mais comme personne en ayant la jouissance qu'il doit « payer les collectes ». Il affirme que le mari est « tenu de payer les collectes et cens qui sont

33. Ph. Wolff, *Les « estimes » toulousaines…*, *op. cit.*, p. 37-38.

34. Pour les conséquences relatives aux pouvoirs du mari, G. de Bonnecorse de Lubières, *La condition des gens mariés en Provence…*, *op. cit.*, p. 55.

35. J. Hilaire, *Le régime des biens…*, *op. cit.*, p. 79-80 ; A. Dumas, *La condition des gens mariés dans la famille périgourdine aux xve et xvie siècles*, Paris 1908, p. 126 ; G. Bonnecorse de Lubières, *La condition des gens mariés en Provence…*, *op. cit.*

36. *La practique de Masuer, ancien jurisconsulte et praticien de France, mise en français par Antoine Fontanon*, Lyon, 6e éd., 1594, p. 649-650.

37. Sur D., 50.1.21.4 : *Idem respondit constante matrimonio dotem in bonis mariti esse : sed et si ad munera municipalia a certo modo substantiae vocentur, dotem non debere computari.*

dues pour les choses dotales[38] ». Antoine Fontanon, avocat au Parlement, qui a annoté ce titre XXXVIII renvoie au traité des tailles de Jean Combes pour davantage de précision.

Combes, avocat du roi au siège présidial de Riom, a ainsi précisé sa réflexion liée à la « difficulté [...] bien plus grande, & non encores décise », de savoir si un fils de famille demeurant en la maison de son père, marié, et possédant les biens propres de sa femme, peut être imposé à la taille à raison de ces biens dotaux[39]. L'incertitude, selon Jean Combes, tient à un passage du Digeste : « Le mari ne peut exiger de sa femme ni *stipendium* ni *tributum* qu'il aura payé à cause des fonds dotaux, parce que ces charges doivent s'acquitter avec les fruits » (*D.*, 25.1.13). Renvoyant à la même allégation que Despeisses, Jean Combes met en avant l'interprétation qu'il juge abusive de ce texte par certains juristes qui concluent trop vite à l'imposition des biens dotaux à la taille[40]. Pour lui, il y a une assimilation excessive de la taille au *stipendium* et au *tributum*. Le premier terme du fragment du Digeste renvoie au domaine militaire et en particulier à la nourriture et aux prestations en nature destinées aux besoins des soldats. Le second terme correspond aux tributs que l'Empereur romain percevait pour le fonctionnement du service de l'annone. Combes adopte ainsi une solution sensiblement différente de l'opinion commune pour l'imposition des biens dotaux. Il nous fait alors part de sa position : « cette question s'étant offerte par deux fois en conseil, en ma présence, j'ai tenu le contraire[41] ». C'est principalement sur la base d'un autre extrait du Digeste (*D.*, 50.1.21.4) qu'il poursuit son argumentation. La dot de la femme ne doit plus être prise en compte dans les biens du mari quand celui-ci accède à des charges municipales en raison de ses facultés. Il argumente également à partir d'une glose de Bartole sur un passage du *De decurionibus* (*C.*, 10.32.46.) pour affirmer l'exclusion du paiement de la taille par le mari pour les biens dotaux de son épouse. La position qu'il défend repose sur l'interprétation du terme *substantia* employé dans le livre premier des *Responsa* de Paul. Pour Combes, le caractère taxable d'un bien ne doit pas avoir d'incidence sur l'assujettissement d'une personne à l'impôt qui bénéficiait d'un « privilège d'immunité ». Il réfléchit en effet à la question du fils de famille, rattaché à son père et donc ne faisant pas feu, mais qui est marié et dispose ainsi des biens dotaux de son épouse, de leurs fruits et qui à ce titre devrait payer l'impôt. Le mari qui est le *dominus rei dotalis*, au sens d'usufruitier, ne doit pas voir sa condition personnelle remise en cause par l'imposition des biens dotaux (« la condition honnête du mari serait détériorée et perdue par celle de sa femme ou de son bien »). Certes il doit s'acquitter de certaines charges qui pèsent sur le bien mais il n'inclut pas dans ceux-ci la taille. Combes conclut en paraphrasant pour partie Bartole. L'homme qui détient des biens dotaux doit, pour ce dernier, s'acquitter des

38. *La practique de Masuer...*, p. 649-650

39. Jean COMBES, *Traité des tailles et autres charges et subsides, tant ordinaires que extraordinaires qui se lèvent en France, et des offices et états touchant le maniement des finances de ce royaume, avec leur institution et origine*, Paris, F. Morel, 1575, f° 99-102.

40. *Ibid.*, f° 101 v°-102 r°.

41. *Ibid.*, f° 110 r°.

collectes et pour Combes, des « impositions réelles » comme les cens, rentes et autres charges foncières. Comme les autres jurisconsultes, le critère qui justifie la taxation tient au fait que le mari jouit des fruits des biens dotaux. Mais il apparaît plus restrictif que d'autres pour admettre l'imposition des biens dotaux en ce qu'il exclut la taille.

Sa position diffère en cela de celle d'Antoine Despeisses, avocat et jurisconsulte de Montpellier. Dans son *Traité des tailles*, il affirme dans un long développement que les tailles doivent être payées par le « maistre et propriétaire du fonds roturier » mais également par « celuy qui n'en a que la nuë jouissance, ou seulement la seigneurie utile[42] ». Son argumentation générale fait référence au même passage du Digeste tiré de Paul (Livre 7 Sur Sabin[43]) que Combes citait. Il prend alors cinq exemples, dont certains font référence à des procès devant la Cour des Aides de Montpellier, à l'appui de sa démonstration. Il évoque ainsi le cas de l'emphytéote, de l'usufruitier, de la personne qui s'est vue léguer une maison, du créancier qui possède en engagement un fonds de son débiteur et du mari pour les biens dotaux de sa femme[44]. Despeisses affirme sans ambiguïté que « le mari est obligé de payer les tailles pour les biens dotaux de sa femme[45] ». Il adopte une position proche de la pratique notariale du Languedoc faisant du mari non le propriétaire mais le *dominus usufructuarius rerum dotalium*[46]. C'est en tant que bénéficiaire de la jouissance de ces biens dotaux que le mari doit supporter les charges relatives à cette catégorie de biens. Il y a là chez Despeisses une solution qui annonce l'article 608 du Code civil faisant supporter à l'usufruitier les impositions (« L'usufruitier est tenu, pendant sa jouissance, de toutes les charges annuelles de l'héritage, telles que les contributions et autres qui dans l'usage sont censées charges des fruits »).

Pour les biens dotaux, ce n'est pas le propriétaire des biens qui doit payer la taille qui pèse sur eux mais la personne qui jouit des fruits qu'ils produisent[47]. Cette solution a été également appliquée pour les biens extra dotaux.

II Le régime fiscal des biens extra dotaux

Les biens extra dotaux correspondent soit à des biens propres ou « paraphernaux[48] » (« ceux acquis à la femme lors de son contrat de mariage mais dont elle se fait réserve ») soit à des biens acquis pendant le mariage par succession, donation et qui n'ont pas été rendus dotaux par convention (ils sont dits adventices). Suivant les régions l'existence de ces paraphernaux est plus ou moins affirmée. Cette catégorie est reconnue à Montpellier, à Toulouse et en Provence mais ailleurs comme dans

42. A. Despeisses, *Traité des tailles*, p. 349 n° 51 dans *Les œuvres de M. Antoine d'Espeisses*, t. 4, Lyon, Anisson & Posuel, 1726.
43. *D.*, 25.1.13.
44. A. Despeisses, *op. cit.*, p. 349-350, n°s 51-55.
45. *Ibid.*, p. 349, n° 52.
46. J. Hilaire, *Le régime des biens*…, *op. cit.*, p. 82-83.
47. À titre de comparaison avec le droit romain, Fr. Dumont, « Les revenus de la dot en droit romain », *RHD*, 1943, p. 39-41
48. Sur l'expression, J. Gaudemet, « Le statut de la femme dans l'empire romain », *Recueil de la Société Jean Bodin*, XI, *La femme*, 1959, p. 217.

le Dauphiné ou le Périgord, elle est longtemps ignorée[49]. Ce n'est qu'au milieu du XIVe siècle que l'expression de « paraphernaux » et d'« adventices » apparaît[50]. En principe la femme mariée a la pleine propriété de ces biens. L'examen des sources fiscales permet d'apprécier si elle s'acquitte alors de la taille pour les biens extra dotaux.

A – *L'affirmation de l'imposition de la femme mariée pour ses biens extra dotaux*

Comme en principe la dotalité ne se présume pas, les biens paraphernaux devraient tenir une place importante et constituer un champ d'action juridique pour la femme[51]. En théorie, la femme doit être libre d'aliéner et de donner cette catégorie de biens. Citons par exemple, l'article 139 de la coutume d'Auvergne qui énonce que « femme mariée ou fiancée, est en la puissance de son mari, ou fiancée, excepté quant aux biens adventifs ou paraphernaux, desquels elle est réputée mère de famille et dame de ses droits[52] ». Aymon commente ce passage de la coutume en renvoyant à Bartole[53] pour le terme de « paraphernaux[54] ». La femme a trois sortes de biens dans son patrimoine. En premier lieu, elle possède la dot dont le mari est le *dominus*. Ensuite, les paraphernaux dont l'administration peut être confiée au mari de manière expresse ou tacite qu'elle peut faire cesser (*potest auferre administrationem marito parafernalium*). Enfin, une troisième catégorie, qualifiée de *propria bona uxoris*, que l'épouse ne confie jamais à son mari. Chabrol dans son commentaire de la coutume d'Auvergne renvoie à Masuer qui interdit au mari toute inspection et toute administration des biens extradotaux[55]. Masuer en tire alors la conclusion sur le plan fiscal. Il affirme que le mari ne doit pas payer les tailles « pour les autres biens de sa femme [c'est-à-dire les biens extradotaux], parce que d'iceux il n'en perçoit aucun fruit[56] ». Étienne Bertrand dans la seconde moitié du XVe siècle précise qu'en l'absence d'une disposition expresse dans le contrat de mariage qui confère au mari l'administration des biens extradotaux, la femme en a la libre disposition[57]. Ferrière affirme plus tard que « pour ce qui est des biens paraphernaux, la femme en peut disposer à toute sorte de titre sans le consentement de son mari[58] » ou encore que la femme en a « la propriété, et la pleine et entière jouissance, à l'effet d'en pouvoir disposer à sa volonté, tant du fonds que des fruits, sans que le mari y puisse rien prétendre[59] ». Pour autant,

---

49. G. de BONNECORSE DE LUBIÈRES, *La condition des gens mariés en Provence…*, *op. cit.*, p. 103-118. J. HILAIRE, *Le régime des biens…*, *op. cit.*, p. 103, note 2.
50. *Ibid.*, *op. cit.*, p. 103 ; G. de BONNECORSE DE LUBIÈRES, *La condition des gens mariés en Provence…*, *op. cit.*, p. 111.
51. J. HILAIRE, *Le régime des biens…*, *op. cit.*, p. 110-116.
52. CHABROL, *Coutumes générales et locales de la province d'Auvergne…*, vol. 2, Riom, 1784, p. 173 et suiv.
53. Sur C. 2.12.21.
54. AYMON, *Commentarii in consuetudines Arverniae*, Paris, 1549, titre XIIII, article 1, f° 67.
55. Sur C., 5.14.8. Les commentateurs de la coutume d'Auvergne (Basmaison, Prohet et Bessian) insistent sur l'influence de la loi 8 au Code Justinien, De *pactis conventis tam super dote quam super donatione ante nuptias et paraphernis*.
56. *La practique de Masuer…*, p. 649-650.
57. P. OURLIAC, *Étienne Bertrand…*, *op. cit.*, p. 124-125.
58. C.J. FERRIÈRE, *Dictionnaire de droit et de pratique*, I, Paris, 1769, p. 488 et II, p. 278-280.
59. *Ibid.*, II, Paris, 1769, p. 278-280.

il note que cela ne s'observe pas dans les pays de droit écrit du ressort du parlement de Paris ni dans la France coutumière. Antoine Despeisses a également précisé que le mari n'a aucun droit sur cette catégorie de biens qui appartiennent à la femme[60]. Il en conclut que les tailles et autres impositions mises sur les biens paraphernaux ne doivent pas être payées par le mari mais par la femme. Dans le cas où le mari les a payées, il a droit de les demandées à sa femme ou à ses héritiers.

À s'en tenir à l'affirmation de principe, les administrations financières urbaines auraient pu tenir compte de cette situation. Ainsi pour un couple marié, on a pu procéder à la rédaction d'une double déclaration de biens, celle du chef de feu, le mari avec les biens dotaux de son épouse, et une déclaration distincte pour les biens extra dotaux de la femme. Qu'en est-il ?

B – Une application nuancée de l'imposition des biens extra dotaux de la femme mariée

Quelques villes comme Albi font apparaître dans leurs compoix et registres d'estimes les femmes mariées avec l'indication de leurs biens paraphernaux dans une déclaration séparée de celle de leur mari[61]. Le cas est plus rare dans le compoix de Millau de 1444. Deux déclarations, l'une à la suite de l'autre, sont établies pour Estève Cantaloba et sa femme Marguerite[62] ainsi que pour Johan de Monpaho et sa femme Catherine Rossa[63]. Tel est encore le cas dans le registre d'estimes de Rabastens à la fin du XIVe siècle[64]. Voici Vincent de Brivas qui déclare deux maisons et trois pièces de terre. L'estime de son épouse vient tout de suite après et détaille la composition de ses biens avec une maison, des jardins et plusieurs pièces de terres. Plus intéressante encore est la situation de Jorda Faure. En effet, une première déclaration recense les biens qui appartiennent à ce chef de feu[65]. On trouve ensuite l'estime de dame Rixen de Rivaucel[66] première épouse de Faure, qui est décédée, puis la déclaration des biens de dame Hélène Ebrarda seconde femme de Faure[67]. Le patrimoine du mari est estimé à près de 100 livres alors que celui de sa première épouse est évalué à environ 45 livres et celui de la seconde à un peu plus de 47 livres.

Le plus souvent une seule et unique déclaration pour le chef de feu est présente dans les compoix et registres d'estimes. Ce choix d'inclure les biens extra dotaux dans la déclaration du mari est le reflet de la pratique du régime matrimonial. Antoine Despeisses admet que le mari est tenu de payer les tailles lorsqu'il a joui des fruits des biens paraphernaux du consentement de sa femme[68]. Le plus souvent de manière

60. A. DESPEISSES, *Traité des contrats*, p. 264 n° 26 dans *Les œuvres de M. Antoine d'Espeisses*, t. 1, Lyon, Anisson & Posuel, 1726.
61. J.-L. BIGET, « Les compoix d'Albi (XIVe-XVe siècles) », *Les cadastres anciens des villes et leur traitement par l'informatique*, collection de l'École française de Rome – 120, Palais Farnèse, 1989, p. 107.
62. Arch. mun. Millau, CC 2 I, f° 45 r°-v°.
63. Arch. mun. Millau, CC 2 I, f° 96 v°-97 r°.
64. Abbé E. NEGRE, *Le livre de l'Arc*, s. d., p. 217-218.
65. *Ibid.*, p. 49-51.
66. *Ibid.*, p. 51-52.
67. *Ibid.*, p. 52-53.
68. *Ibid.*, p. 349 n° 52.

tacite ou par la manifestation expresse de la volonté de son épouse, le mari a en son pouvoir l'ensemble du patrimoine conjugal[69]. Il n'est pas rare que la femme confie à son mari l'administration de ces biens[70]. Elle est bien souvent en la puissance de son mari tant pour sa personne que pour ses biens[71]. La pratique notariale de la région de Montpellier met en lumière l'existence assez rare de certains actes mentionnant la maîtrise de la femme sur ses propres[72]. Le fisc ne différencie alors pas toujours les biens des époux car la femme peut librement abandonner leur jouissance et administration à son mari[73]. Parfois ces biens extra dotaux sont indiqués sans ordre précis[74]. Ils peuvent encore être distingués à l'intérieur de l'inventaire du mari. Une telle pratique a pu être observée dans l'estime de Saint-Flour de la fin du XIVe siècle avec la mention *per los bes de sa molher*[75] ainsi que dans le compoix du Puy au début du XVe siècle[76]. Tel est encore le cas en 1444 dans le compoix millavois, où parfois les biens de la femme mariée sont individualisés avec l'indication : *es de sa molher*[77]. C'est également observable dans un registre d'estimes de la fin du XIVe siècle à Rabastens. Tel est le cas pour Johan Ventoynes et sa femme[78]. L'estime débute par une liste de 18 articles pour le mari puis l'expression *los bes de la molher* permet de les séparer. Débute alors l'inventaire des dix biens qu'elle possède. On retrouve le même procédé avec *los bes d'En Guilhem Becona e de Na Johana Rogieyra, sa molher*[79].

Sur le plan fiscal, les biens de la femme mariée sont d'une manière générale rattachée au mari. Ce rapide examen de sources de la pratique financière médiévale, de traités de droit fiscal faisant état du droit romain retrouvé au Moyen Âge ainsi que des règles et de la pratique matrimoniale du Midi de la France a permis de déceler l'existence de logiques fiscales et familiales qui ne s'ignorent pas. Le discours fiscal ne trouve cependant pas toujours une traduction concrète dans les documents fiscaux des villes du Midi qui s'intéressent au patrimoine de la famille médiévale. Ce dossier reste ouvert et nécessite encore d'être enrichi par le dépouillement de sources de la pratique notariale et fiscale pour préciser ces quelques éléments proposés à la réflexion commune.

69. Pour la situation à Rome, J. GAUDEMET, « Le statut de la femme dans l'empire romain », *Recueil de la Société Jean Bodin*, XI, *La femme*, 1959, p. 217 ; G. de BONNECORSE DE LUBIÈRES, *La condition des gens mariés en Provence…*, *op. cit.*, p. 105-107.
70. A. DESPEISSES, *Traité des contrats*, p. 264 nº 26 dans *Les œuvres de M. Antoine d'Espeisses*, tome premier, Lyon, Anisson & Posuel, 1726.
71. Par exemple, P. GARRIGOUX, *Le droit des gens mariés dans la coutume d'Auvergne*, Paris, 1905, p. 16-19.
72. J. HILAIRE, *Le régime des biens…*, *op. cit.*, p. 105, note 2 « *salvis tamen et retentis michi* […] *quator centis libris turonensium quas ea dicta dote exclussa esse volo et eas retineo tanquam bona parafernalia pro meis omnimodis voluntatibus faciendis in vita et in morte…* ».
73. P. GARRIGOUX, *Le droit des gens mariés…*, *op. cit.*, p. 118-119 ; J. HILAIRE, *Le régime des biens…*, *op. cit.*, p. 105 et suiv.
74. Par exemple, A. RIGAUDIÈRE, *L'assiette de l'impôt direct…*, *op. cit.*, p. 45.
75. A. RIGAUDIÈRE, *L'assiette de l'impôt direct…*, *op. cit.*, estime nº 163.
76. A. RIGAUDIÈRE, « L'assiette de l'impôt direct dans le compoix du Puy-en-Velay de 1408 », *La fiscalité des villes au Moyen Âge (Occident méditerranéen). 2. Les systèmes fiscaux*, Toulouse, 1999, p. 311-312.
77. Arch. mun. Millau, CC 2 I, fº 39 vº, Johan Fontes pour un ouvroir *que es de sa molher* et fº 134 rº-135 rº, Esteve Dolmières et sa femme, dona Helis, déclarent différents biens qui appartiennent à l'épouse, fº 134 vº.
78. Abbé E. NEGRE, *Le livre de l'Arc…*, *op. cit.*, p. 186-188.
79. *Ibid.*, p. 189-190.

La famille et l'impôt au XIXe siècle : l'invention d'une politique

Emmanuel DE CROUY-CHANEL
Professeur de droit public – Amiens, Université de Picardie

« Quel est cet homme ? demandai-je à mon docteur, qui m'avait pris le bras en disant à part lui : "Il faut le distraire, ou sa monomanie fera des progrès tels que..."
— Je vous demande quel est ce personnage, et pourquoi la foule l'accompagne de ses quolibets ?
— Ce personnage ! répondit mon docteur. Comment, vous me demandez qui il est ! Mais c'est l'unique et dernier célibataire qui reste dans tout le département de la Somme !
— Le dernier ?
— Sans doute ! Aussi vous entendez comme on le hue !
— Il est donc défendu d'être célibataire, au présent ! m'écriai-je.
— À peu près, depuis l'impôt qui a été mis sur le célibat. C'est un impôt progressif. Plus on vieillit, plus on paie, et, comme d'autre part, moins on trouve d'occasion d'entrer en ménage, cela vous ruine un homme en peu de temps ! Le malheureux que vous voyez là y aura mangé une belle fortune !
— Il avait donc une insurmontable répulsion pour le beau sexe ?....
— Non ! C'est le beau sexe qui a montré une répulsion insurmontable pour lui ! Il a manqué trois cent vingt-six mariages !
— Mais enfin, il y a encore des jeunes filles à marier, je suppose ?
— Très peu ! très peu. Sitôt mariables, sitôt mariées !
— Et des veuves ?
— Ah ! des veuves ! On ne leur laisse même pas le temps de mûrir ! Dès que les dix mois sont écoulés, en route pour la Mairie ! À l'heure qu'il est, je suis sûr qu'il n'y a pas vingt-cinq veuves disponibles en France !
— Mais les veufs !
— Oh ! ceux-là, ils ont fait leur temps ! Ils sont libérés du service obligatoire, et n'ont plus rien à craindre des agents du fisc !
— Je m'explique alors pourquoi les boulevards regorgent de couples jeunes ou vieux, enrégimentés sous le manteau du mariage !....
— Qui a été le drapeau de la revanche, cher client ! » répliqua mon docteur. »
(Jules Verne, *Une ville idéale : Amiens en l'an 2000*, discours prononcé à l'Académie des sciences, belles-lettres et arts d'Amiens, le 12 décembre 1875)

Le choix de cette (longue) citation introductive ne résulte pas, du moins pas entièrement, de la volonté de l'auteur d'honorer l'écrivain éponyme de son université, mais de ce qu'elle présente deux caractéristiques utiles pour introduire notre propos sur la famille et l'impôt au XIXe siècle : c'est un texte utopique (uchronique, plutôt) ; il date de 1875.

Utopie donc, et humoristique même, car ce n'est guère dans les textes de lois fiscales, ces normes positives qu'affectionnent les juristes, que nous trouverons aisément des références précises à la famille. Celle-ci semble avoir disparu du champ de l'impôt, et cette disparition s'étend même aux discours, du moins, car nous l'appréhendons mieux, au(x) discours politique et savant. Exercice inhabituel, donc, pour le juriste que le commentaire d'une absence, qu'il nous faudra pourtant interroger et, si possible, expliquer.

1875, ensuite, car ce propos pessimiste sur l'inexistence de la famille dans le discours fiscal du XIXe siècle est à nuancer pour le quatrième quart du siècle. Il y a alors une évolution dans les représentations, pas encore dans la loi. Un double blocage est levé. Il devient possible d'envisager une politique familiale, plus particulièrement nataliste ; il devient concevable de la poursuivre au travers de l'impôt, d'un impôt donc personnalisé. Jules Verne fait ici mouche lorsqu'il place son impôt sur les célibataires sous le double drapeau du landau et de l'impôt progressif.

I Le double barrage à une reconnaissance de la famille par l'impôt

Affirmer l'absence (est-ce une disparition ?) de la famille du champ de l'impôt semble cependant une proposition hardie, car elle suppose que le droit fiscal, dont on souligne volontiers le « réalisme », entendu ici comme sa propension à prendre en compte les réalités sociales ou économiques malgré les éventuels retards du droit commun à en faire des objets juridiques, a négligé un fait social de première importance, l'une des structures mêmes de la société. Il faudrait donc démontrer que le fait familial a été indifférent au souverain fiscal, aussi bien comme objet de l'impôt (en quoi l'existence d'une famille détermine-t-elle le montant d'une dette fiscale ?) que comme support de l'administration de l'impôt.

Or, sur ce point en tout cas, il existait une longue tradition faisant de l'unité familiale, du « feu » en d'autres temps, un échelon de la répartition descendante de l'impôt, après la province, l'élection et la paroisse. Or, bien que soit conservé le principe de la répartition des impôts directs, et que le département et la commune aient pris le relais des structures de l'Ancien Régime, jusqu'à en reproduire les inégalités de répartition, le XIXe siècle, tout à sa volonté de déterminer des critères objectifs et impersonnels pour la répartition finale de l'impôt, a substitué à la figure globale et vague du foyer les traits plus précis du propriétaire, de l'habitant, du professionnel ou du consommateur. Certes, la simple application des règles du Code civil suffit à reconstituer derrière ces qualités la personne du chef de famille, seul juridiquement capable. En ce sens, le foyer fiscal n'a jamais réellement disparu des pratiques administratives, mais d'une façon indirecte, extérieure aux textes.

Évacuée de l'impôt en tant que moyen (ce qu'on pourrait appeler une conception d'Ancien régime des rapports de la famille et de l'impôt), la famille l'a tout autant été en tant qu'objet, et ce malgré les pistes ouvertes sous la Révolution d'une possible modulation de la dette fiscale au regard des situations familiales. Il est en effet remarquable que les problématiques autour desquelles s'organise le débat doctrinal dans la première moitié du XIXe ignorent très largement des oppositions telles que couple/célibataire, sans charge de famille/avec enfants à charge, qui nous paraissent pourtant aujourd'hui inévitables dans toute réflexion sur la justice de la répartition de la charge fiscale. Les clivages alors déterminants sont ceux qui opposent le riche au pauvre, l'oisif au travailleur et l'industriel au propriétaire terrien. Tout au plus peut-on relever une survivance à la marge du fait familial qui vient colorer certains de ces couples conceptuels. Le discours critique sur la justice de la contribution mobilière oppose ainsi – c'est presque un passage obligé – le célibataire avaricieux, qui se satisfait d'un logement modeste, au père industrieux d'une abondante progéniture, qui se voit contraint d'habiter un logis sans rapport avec l'état réel de ses revenus[1]. Encore ce véritable *topos* doit-il être bien considéré. D'une part, il s'agit moins ici de moduler l'impôt en fonction de l'existence de personnes à charge que de souligner l'inadéquation du critère du logement comme mode d'estimation des revenus dans le cas des familles nombreuses. D'autre part, cet exemple, en ce qu'il oppose l'égoïsme du célibataire à la générosité du père de famille, hérite pour partie de représentations révolutionnaires qui ont contribué à le façonner. Les mêmes considérations pourraient être faites, *mutatis mutandis*, pour un autre *topos*, en matière de droits de consommation sur des produits courants, en particulier le sel, qui voient opposer le riche célibataire (encore lui) qui consomme chichement le produit support de la taxe (par exemple, il use d'épices rares et non de sel pour relever ses plats), tandis que le père de famille est contraint, pour lui et les siens, d'en faire une grosse consommation (thème du sel, seul condiment du pauvre).

Mais, malgré ces quelques critiques sur l'injustice de certains impôts quand ils sont appliqués aux familles, il n'existe pas de réelle réflexion sur la prise en compte des familles par l'impôt. Tâchons de proposer quelques explications à ce silence.

La première raison découle de ce qu'il est impossible, dès lors qu'est posé le postulat d'une obligation individuelle à l'impôt, de prendre en compte le fait familial sans introduire une personnalisation de l'impôt, c'est-à-dire sans qualifier par des critères familiaux (marié, célibataire, parent...) la personne du contribuable. Or c'est précisément ce dont ne veulent pas libéraux et conservateurs. L'essentiel pour eux est de maintenir la personne publique, l'État, à distance de la sphère privée des citoyens, laquelle doit constituer une sorte de sanctuaire dont il n'a ni à s'enquérir, ni à y pénétrer. Qui plus est, toute réflexion sur la personnalisation de l'impôt

1. « Tant de causes diverses, les unes visibles, les autres cachées, agissent sur le choix d'un appartement, que, prendre le prix du loyer pour la mesure du degré de fortune ou de misère du contribuable, c'est s'exposer à tomber souvent dans l'erreur et dans l'arbitraire. Celui-ci est célibataire ; un petit appartement lui suffit ; il est d'autant plus à son aise qu'il a moins de charges. Celui-là est père d'une famille nombreuse ; un vaste appartement lui est nécessaire ; cependant il plie sous le poids de ses obligations domestiques. Le célibataire payera moins que le père de famille. Est-ce là de la justice ? Est-ce là de l'égalité ? », E. DE GIRARDIN, *L'impôt*, 6e éd., Paris, La Librairie nouvelle, 1852 ; p. 53-54.

amène rapidement à préconiser la définition de l'assiette au niveau de la personne des contribuables, bref à passer des impôts sur des formes de revenu à l'impôt sur le revenu global de la personne. Cette seule conclusion suffit à rendre scandaleuse, pour une large partie de l'opinion et au moins jusqu'aux années 1860, tout projet de familialisation de l'impôt.

Par ailleurs, les données mêmes du problème (est-il juste que, à revenu égal, le père de famille nombreuse soit autant taxé que le célibataire ?) conduisent à envisager une modulation de l'impôt en fonction de l'aisance, à commencer par une exonération du minimum indispensable[2]. Bref, ici aussi, la prise en compte du fait familial amène rapidement à proférer de gros mots comme « progressivité de l'impôt ». Réciproquement, supposer la progressivité de l'impôt ouvre le problème du cumul des revenus dans une famille, et donc, au nom de la justice, à la nécessaire distinction entre les contribuables à raison de leurs revenus et charges de famille[3].

Mais, s'il existe des blocages proprement fiscaux à la conception d'une fiscalité familiale, il n'est pas certain non plus qu'il n'ait pas alors existé aussi une difficulté pour définir ce qu'était une famille et en quoi elle pouvait être prise en compte par la puissance publique.

Ne sous-estimons pas, d'une part, la force du rejet des corps intermédiaires, enserrant et médiatisant la volonté individuelle. Ce n'est par parce que l'État rejette la famille qu'il ne connaît que des individus ; c'est parce qu'il ne connaît que des individus qu'il ne tient pas compte des familles.

L'incertitude demeure, d'autre part, sur ce qu'est au juste une famille. Le modèle de la famille nucléaire (le père, la mère et leurs enfants) est loin d'être hégémonique et reste concurrencé par celui de la famille patriarcale. Au regard du droit de succession, le code civil privilégie ainsi une vision beaucoup plus large de la famille, clanique plus que matrimoniale. La première question que devront affronter ceux qui, comme Le Play, chercheront dans la famille une alternative à l'individualisme moderne et un remède aux désordres sociaux – démarche qui aura une forte audience chez les catholiques conservateurs, notamment – sera précisément de définir ce qu'est la famille. Et cette question, plus neuve qu'il n'y paraît, imposera

2. « Est-il équitable que l'impôt soit levé sur cette portion de revenus que l'on consacre aux superfluités plutôt que sur celles qu'on emploie à l'achat des choses nécessaires ? On ne peut, ce me semble, hésiter sur la réponse. L'impôt est un sacrifice que l'on fait à la société, à l'ordre public ; l'ordre public ne peut exiger le sacrifice des familles. Or, c'est les sacrifier que de leur ôter le nécessaire. Qui osera soutenir qu'un père doit retrancher un morceau de pain, un vêtement chaud à ses enfans, pour fournir son contingent au faste d'une cour, ou bien au luxe des monumens publics ? De quel avantage serait pour lui l'état social, s'il lui ravissait un bien qui est le sien, qui est indispensable à son existence, pour lui offrir en échange sa part d'une satisfaction incertaine, éloignée, qu'il repousserait dès lors avec horreur ? », J.-B. SAY, *Traité d'économie politique, ou simple exposition de la manière dont se forment, se distribuent et se consomment les richesses*, fac-sim. de la 6e édition (Paris, 1841), Osnabrück, 1966, p. 513.

3. Voir par exemple, Mlle C.-A. ROYER : « L'impôt étant personnel doit atteindre chaque personne en raison du revenu dont elle jouit personnellement. [...] La progression doit s'établir sur le revenu de chaque membre de la famille, et non sur celui de la famille entière ; encore sous ce rapport l'impôt progressif est plus juste [que l'impôt proportionnel] parce qu'il dégrève les familles nombreuses et charge les riches égoïstes qui mangent leur bien à l'écart, sans participer aux charges paternelles ou maternelles, et sans rendre à des enfants la vie et la richesse qu'ils ont reçus de leurs ancêtres », *Théorie de l'impôt, ou la dîme sociale*, t. I, Paris, Guillaumin, 1862, p. 119.

non seulement l'élaboration de nouveaux outils scientifiques, préfigurant la sociologie[4], mais sera loin de recevoir une réponse unique[5]. Ici aussi la chronologie a son importance, et c'est finalement bien tardivement (années 1880) que le modèle nucléaire évince les représentations concurrentes de ce qu'est une famille.

Et, finalement, c'est de cette combinaison de la famille et de l'impôt que résulte la paralysie du discours fiscal appliqué à la famille. En effet, les promoteurs d'une politique familiale tels les catholiques conservateurs, sont précisément ceux, parce qu'ils sont conservateurs et, l'Église ne s'étant pas encore réconciliée avec la modernité, hostiles à la démesure de l'État, qui sont parmi les plus opposés à toute politique étatique, a fortiori à la proposition d'un impôt sur le revenu personnel et progressif[6]. Et, de leur côté, les plus sensibles à la nécessité d'une modernisation des techniques d'imposition des revenus ne manifestent guère le souci de la famille.

II L'invention d'une politique fiscale de la famille

Il faudra, en réalité, que cette double hypothèque soit levée pour que puisse apparaître la prise en compte de la famille par le droit fiscal, la question majeure étant ici celle de la chronologie de cette révolution.

Il est évidemment plus facile (plus familier, en tout cas) pour un fiscaliste de suivre l'évolution des mentalités sur la question de la personnalisation de l'impôt, notamment par la création d'un impôt sur le revenu global des ménages. Grosso modo, l'idée cesse de devenir scandaleuse vers le milieu du XIXe siècle et commence à être étudiée sérieusement par les théoriciens de l'impôt (principalement les économistes politiques) dans les années 1850-1860. Elle se heurte néanmoins à une vive résistance des libéraux, qui fera échouer un projet d'imposition des revenus comme réponse à la crise budgétaire résultant de la défaite de 1871. La diffusion dans les années 1880-1890 du socialisme va durcir les positions des conservateurs qui craignent une utilisation détournée de l'impôt comme mode de spoliation des richesses, mais, parallèlement, les milieux républicains modérés, à la recherche d'une troisième voie entre socialisme et libéralisme, vont peu à peu se rallier, suivant des cheminements divers (solidarisme, christianisme social, radicalisme) au projet d'un impôt unique et raisonnablement progressif sur le revenu. Pendant le dernier quart du XIXe siècle, et notamment dans sa dernière décennie, l'impôt sur le revenu est

4. Voir par exemple les travaux de la Société d'économie sociale et de F. Le Play, l'*Instruction sur la méthode d'observation dite des monographies des familles propre à l'ouvrage intitulé* Les ouvriers européens, Paris, 1862.

5. Le Play, dans *la Réforme sociale* (1863) distinguera ainsi trois types de familles, la famille-souche (« un des enfants, marié près des parents, vit en communauté avec eux et perpétue, avec leur concours, la tradition des ancêtres »), la famille-patriarcale (« où tous les fils se marient et s'établissent au foyer paternel ») et la famille-instable (« où les enfants quittent séparément la maison paternelle dès qu'ils peuvent se suffire à eux-mêmes ») ses préférences allant d'ailleurs clairement au modèle de la famille-souche (les citations sont tirées de *L'organisation de la famille, selon le vrai modèle signalé par l'histoire de toutes les races et de tous les temps* (1870), 3e éd., Tours, Mame, 1884, p. 9).

6. La seule politique que doit mener l'État est de ne pas contrarier les règles de la justice et du droit naturel. En réalité, on trouvera davantage d'exemples de leur hostilité au régime successoral du code civil qu'au système fiscal existant (qui ignore la famille). L'idée même d'une politique fiscale familiale leur est sans doute difficilement concevable, et, en tout cas, monstrueuse.

ainsi la principale question fiscale débattue. Or les éléments mêmes de ce débat, l'exonération du nécessaire, l'imposition majorée du revenu global supérieur, conduisaient à penser le revenu et l'impôt moins au niveau de la personne que de son ménage.

Certains des facteurs qui ont contribué à rendre plus évidemment nécessaire une réforme d'ensemble de la fiscalité directe (développement du salariat, industrialisation de l'économie, urbanisation de la société) ont sans doute été tout aussi importants dans l'évolution de la question familiale. Les changements principaux tiennent tout d'abord à la reconnaissance de l'importance de la famille comme une institution sociale. Cette reconnaissance résulte largement de l'apparition de préoccupations natalistes, alimentées par les premières statistiques démographiques (résultats du recensement de 1866) et le traumatisme de la défaite de 1870. Pour rattraper ce qu'elle perçoit comme un retard sur l'Empire allemand, la France valorise désormais la famille comme lieu de procréation et d'éducation (ce qui, par ricochet, en fait la destinatrice naturelle des politiques hygiénistes). Il semble également que la période voie le modèle nucléaire l'emporter, la famille modèle (en tout cas, représentée come un idéal à atteindre) étant celui de la cellule familiale constituée à partir d'un mari travailleur (à garder loin du cabaret) et d'une mère au foyer. En ce sens, la réforme du droit des successions opérée par la loi du 25 février 1901, qui reconnaît une place au conjoint dans la succession, marque un recul de la conception élargie de la famille.

Cette évolution dans le regard porté sur la famille a des conséquences profondes sur l'impôt, peut-être d'autant plus profondes et d'autant moins manifestes qu'elles apparaissent « naturelles ». Il en est ainsi des projets d'impôts sur le revenu qui déterminent le revenu imposable au niveau du foyer (qui devient ainsi un foyer fiscal). L'incapacité de la femme mariée avait, il est vrai, préparé la solution. Du même ordre est l'introduction dans ces projets, dans les années 1900[7], d'abattements pour charges de famille, corollaire à l'introduction d'une progressivité des taux.

D'un autre ordre, celui des dépenses fiscales, est l'introduction de dispositions fiscales visant directement et explicitement à soutenir la famille. La nouveauté n'est pas ici dans l'interventionnisme fiscal, auquel l'État « neutre » n'avait jamais réellement renoncé, mais dans son objet. L'émergence de la famille comme objet de politique publique entraîne, ou en tout cas rend concevable, l'assignation de finalités familiales à l'impôt. Il n'est cependant pas si simple d'identifier une disposition fiscale (ou, plus largement, législative) à visée familiale, le but poursuivi se révélant davantage dans le discours motivant la proposition que dans la proposition elle-même[8]. Nous nous en sommes tenus à deux domaines où la dimension familiale

7. C'est seulement en 1909 qu'est proposée, lors des débats relatifs à la création de l'impôt sur le revenu, un abattement de 300 F par personne à charge (ce qui avantage les gros revenus), ou, proposition alternative, une réduction de 10 F par personne à charge.

8. Pensons par exemple à la lutte contre l'alcoolisme, où la fiscalité de l'alcool tient un rôle, qui a pour certains de ses partisans une incontestable dimension familiale, voire nataliste (où le cabaret est perçu comme une forme de double inversé du foyer familial, l'un corrupteur et l'autre rédempteur).

était la plus manifeste : le natalisme et le logement. Dans des deux domaines, la chronologie est assez claire. Les premières propositions apparaissent à partir de 1875-1880, les premières traductions législatives attendent, pour les plus précoces, les années 1890. Dès lors, il n'aura pas toujours été aisé d'illustrer notre propos par des mesures concrètes tout en restant dans les limites temporelles du sujet.

S'agissant de la lutte contre la dénatalité, dont nous avons déjà mentionné que les résultats du recensement de 1866 (et ceux de 1872, qui confirment la stagnation de la population) et la défaite de 1870 en avaient fait, à partir des années 1870, un débat de politique nationale, il faut attendre 1885 pour rencontrer une première proposition d'exonération de la contribution mobilière pour les familles ayant sept enfants vivants, proposition qui apparaît encore incongrue (elle est accueillie par des « exclamations »). La Chambre des députés adopte finalement la mesure en 1888, qui devient loi en 1889. Dès 1890, le dispositif est réservé aux seules familles modestes (dont la cotisation de contribution mobilière est inférieure à 10 francs[9]). La fin du siècle voit l'essor de mouvements de lutte contre la dénatalité, notamment l'*Alliance nationale contre la dépopulation* du docteur Bertillon (créée en 1896) et l'*Alliance nationale pour l'accroissement de la population française* (créée elle aussi en 1896). Le programme de ces mouvements comporte un volet fiscal préconisant une forte taxation des célibataires et des familles avec peu d'enfants. Il faut en réalité attendre le début du XXe siècle pour que la question trouve une réelle audience au sein du Parlement[10].

S'agissant du logement, et parce que la question du logement social et de la lutte contre les logements insalubres est largement liée à la volonté d'améliorer les conditions d'existence des familles (avec enfants), citons la loi du 30 novembre-1er décembre 1894 relative aux habitations à bon marché, qui les exonère pour 5 ans de contribution foncière (art. 9), dispositif qui sera étendu par les lois du 12 avril 1906 et des 10-12 avril 1908.

Au final, le bilan, en termes de droit positif, est maigre, et les mesures relevées ne sont généralement que les avant-coureuses de réformes qui ne commenceront à se déployer qu'au cours de la première décennie du XXe siècle. De plus, quand bien même existerait la volonté politique d'entreprendre une politique publique, l'outil fiscal n'est pas, loin de là, le plus favorisé parmi une panoplie mêlant réglementation pénales, allocations ciblées, et programmes éducatifs. Pour reprendre l'exemple de la politique nataliste, les mesures les plus préconisées visent à la lutte contre l'alcoolisme, la limitation de la durée du travail, l'encouragement au mariage légal ou l'attribution d'allocations maternité. Voilà les points qui font débat, et ils n'ont guère de dimension fiscale.

Des deux verrous mis à l'ouverture d'une politique fiscale de la famille, refus d'admettre la personnalisation de l'impôt et difficulté à se représenter la famille,

9. Voir V. Antomarchi, *Politique et famille sous la IIIe République (1870-1914)*, Paris, L'Harmattan, 2000.
10. Voir par exemple les nombreux amendements (rejetés) proposant de favoriser, dans la fixation des droits de mutation, les contribuables ayant de nombreux enfants (voir note sous la loi du 25 février 1901, DP 1901, IV, p. 40), ou la loi du 13 juillet 1903 ouvrant la possibilité aux conseils municipaux de modifier les bases de la contribution mobilière en faveur des contribuables chargés de famille.

il nous semble que le plus résistant fut sans doute le second, la définition de la famille. Alors que l'impôt est une réalité juridique, il s'agissait là de traduire en droit une réalité sociale (la famille dépassant ici l'institution matrimoniale ou le jeu des règles de filiation), ce qui suppose tout à la fois interprétation et définition de la prescription. Il est certainement remarquable que ces deux verrous aient été levés de concert, mais nous ne nous hasarderons pas à proposer ici une explication logique de cette coïncidence. Relevons simplement que les frémissements que nous devinons à l'extrême fin du XIXe ne sont que les prémices d'une véritable prise en compte de la famille par l'impôt au cours du XXe siècle. La récolte a bien succédé aux prémices, mais elle aura exigé une véritable révolution des paradigmes, derrière la trompeuse évidence de ce qu'est la famille et de ce qu'est l'impôt (et de l'intemporalité de ces notions). Il n'est sans doute pas inutile, au moment de conclure ce bref survol qui faisait la couture entre l'Ancien régime et aujourd'hui, de souligner la forte temporalité du thème de ce colloque.

L'imposition des revenus de la famille, aperçu du droit comparé

Christophe DE LA MARDIÈRE
Professeur de droit public – Université de Bourgogne

Au risque de décevoir, le droit comparé, en matière d'imposition des revenus de la famille, ne nécessite pas de recourir à l'exotisme. En effet, trois modèles dominent le monde s'agissant de l'impôt sur le revenu, celui de la Grande-Bretagne, de l'Allemagne et de la France.

Cette situation est due au mimétisme fiscal. Il s'agit d'un phénomène impressionnant, qui se traduit tout d'abord par des modes. Le XIXe siècle et le début du XXe furent le temps de l'impôt sur le revenu, qui se répandit comme le choléra, partant de Grande-Bretagne pour atteindre l'Italie, la Finlande, la Prusse, les États-Unis, puis la France et la Belgique[1]. La seconde moitié du XXe siècle connut quant à elle la mode de la TVA, dont le succès fut considérable ; seuls les États-Unis et l'Australie demeurent des réfractaires de taille.

Le régionalisme fiscal est tout aussi impressionnant. Ainsi l'impôt sur la fortune connut un vif succès en Scandinavie au début du XXe siècle. Que dire de l'Amérique latine dont nombre de pays ont adopté le code des impôts allemand, particulièrement le modèle prussien d'imposition des revenus. Les pays en développement ont ainsi une tendance, pas toujours heureuse, à copier les systèmes fiscaux occidentaux, alors même que ceux-ci peuvent être trop complexes et mal adaptés à des économies de subsistance plus que d'échange.

Pour revenir à l'impôt sur le revenu, les premiers modèles furent donc britannique et allemand. Outre des nécessités budgétaires, les nouvelles impositions avaient clairement un but social et politique[2]. Il s'agissait de corriger un système fiscal où la faible rentabilité des impôts directs était compensée par la profusion de droits indirects, particulièrement sur des produits de consommation courante, lourds et donc injustes pour les plus démunis. L'impôt sur le revenu présentait la vertu de la justice fiscale, pour atteindre le riche en épargnant le pauvre. Les familles les plus modestes et les plus nombreuses devaient s'en trouver soulagées, sachant que la misère se

1. J.-C. MARTINEZ, P. DI MALTA, *Droit fiscal contemporain*, t. 2, Litec, 1989, p. 415.
2. G. ARDANT, *Histoire de l'impôt*, t. 2, Fayard, 1972, p. 379 et suiv.

multipliait par le nombre de bouches à nourrir. Au-delà d'intentions sociales certes louables, l'impôt sur le revenu avait également pour but de combattre la pensée socialiste en montrant le souci que l'on avait de la justice sociale, particulièrement dans cette Prusse à la fois autoritaire et paternaliste du XIXe siècle.

En Angleterre, on sait que l'impôt sur le revenu fut établi la première fois en 1799 pour financer la guerre contre la France. Comme aux origines de l'histoire fiscale ce prélèvement devait être exceptionnel et fut effectivement comme durablement supprimé en 1816. Face au mécontentement qu'il avait suscité dans les classes dirigeantes, certains le qualifiant « d'enfant de Robespierre », le parlement décida même de faire détruire les rôles. L'*income tax* réapparut en 1842, pour les mêmes raisons, accroître les rentrées budgétaires et lutter contre la cherté de la vie. Il permit de réduire ou d'abroger les droits sur les denrées alimentaires et ainsi l'Angleterre traversa dans le calme la crise de 1848. L'impôt sur le revenu se décomposait en cinq impositions cédulaires, pour correspondre à chaque catégorie de gains, avec des taux proportionnels qui leur étaient propres. L'ensemble formait un prélèvement bien plus réel que personnel, qui était loin de tenir compte des charges de famille. D'ailleurs, aujourd'hui encore, aucun dispositif fiscal britannique ne considère les enfants à charge, sinon un abattement en faveur des parents isolés[3]. Cependant, dès l'origine, les revenus les plus faibles n'étaient pas soumis à l'impôt, tandis qu'un abattement profitait aux classes moyennes. Ce n'est qu'après la crise opposant les Communes aux Lords en 1910 que fut établi, en plus de l'*income tax*, un impôt progressif sur le revenu global.

Au contraire la Prusse créa, dès 1891, un impôt sur le revenu global avec des taux modérés mais progressifs. Là encore les intentions étaient clairement sociales et politiques. Bismarck n'en fit pas mystère : « Messieurs les démocrates joueront vainement de la flûte lorsque le peuple s'apercevra que les princes se préoccupent de son bien-être[4]. » Ici les charges de famille sont prises en compte : dès lors que le revenu ne dépasse pas un certain montant, l'impôt est réduit pour chaque enfant de moins de 14 ans, au-delà de trois enfants la cotisation descend d'une classe entière de tarif[5]. Des réductions peuvent également être accordées pour les frais d'éducation des enfants, ou des événements malheureux tels que la maladie chronique ou l'endettement. Les allégements au profit des familles modestes sont si grands que les deux tiers des ménages échappent à l'*Einkommensteuer*[6]. S'agissant des autres un système particulièrement inquisitorial, pour l'époque, est mis en place, de manière à lutter contre la fraude. Un député français déclare en 1908, lors d'un débat à la Chambre : « En Prusse, il a fallu en venir à un espionnage intolérable et à une délation dégradante : on interroge les fournisseurs, les voisins, les domestiques, les enfants ; on tient compte des dîners donnés, des cigares offerts aux invités[7]. »

Cette inquisition fiscale, comme tout le monde l'appelait à l'époque, eut un grand retentissement en France. Ce fut l'une des causes de l'adoption tardive de

---

3. P. DI MALTA, *Droit fiscal européen comparé*, PUF, coll. « Droit fondamental », 1995, p. 153.
4. G. ARDANT, *op. cit.*, p. 392.
5. R. STOURM, *Systèmes généraux d'impôts*, 2e éd., Guillaumin, 1905, p. 114.
6. *Ibid.*, p. 128.
7. G. ARDANT, *op. cit.*, p. 394.

l'impôt sur le revenu dans notre pays. Joseph Caillaux a hésité entre la formule de l'*income tax* et celle de l'Einkommensteuer. Il finit par vouloir associer les deux, pour en prendre tous les avantages. Les lois de 1914 et 1917 instituèrent donc et respectivement un impôt sur le revenu global, progressif et personnel ; et des impôts cédulaires, proportionnels et réels. L'ensemble était trop complexe et devint discriminatoire aux dépens des professionnels indépendants. Ce n'est qu'en 1970, avec la suppression de cette superposition d'impôts, que la France fut réellement dotée d'un impôt sur le revenu global, très progressif et personnalisé. Mais notre pays se distingua par un système particulièrement ingénieux, celui du quotient familial, le seul à directement intégrer les charges de famille dans le tarif de l'impôt.

Malgré le mimétisme fiscal, qui marqua le triomphe des trois grands modèles, il demeure des différences importantes dans le traitement des deux questions fondamentales s'agissant de taxer les revenus de la famille : l'imposition du couple (I) et la prise en compte des enfants (II).

I L'imposition du couple

Longtemps les systèmes fiscaux ont défendu le modèle familial classique, celui du mariage, en apportant à la fois une aide à la famille comme en assurant, dans les pays développés, une politique nataliste. Ces dernières années, les législations ont produit des efforts pour se mettre à la mesure de l'évolution des mœurs, en tenant compte du développement du concubinage, en tendant vers l'égalité des conjoints et enfin pour réagir face à l'essor du travail des femmes.

En effet, lorsque le droit fiscal n'évolue pas avec les mœurs il produit des effets pervers. Ainsi pendant longtemps, en France, la demi-part supplémentaire offerte aux parents isolés profitait aux concubins, qui bénéficiaient ainsi, en matière d'impôt sur le revenu, d'un régime plus favorable que celui des personnes mariées. Dans certaines situations, le mariage représentait une charge fiscale supplémentaire de presque 50 % par rapport au concubinage[8]. À croire, solution paradoxale pour l'époque, que l'enfant naturel était d'un coût plus élevé que l'enfant légitime[9]. Le tribunal constitutionnel espagnol a condamné un système comparable, qui lui aussi pénalisait le mariage.

Mais ce qui demeure frappant c'est la perception même de la famille d'un point de vue fiscal. Si pour beaucoup d'États elle constitue l'unité de base de la société, d'autres ignorent cette cellule élémentaire pour imposer séparément les conjoints. C'est particulièrement le cas des pays qui continuent de pratiquer une imposition cédulaire, dont le caractère réel empêche de tenir compte de la situation d'ensemble du contribuable. Au contraire un impôt général et progressif prend véritablement en considération la famille, pour notamment atteindre tous les revenus perçus par celle-ci. Plusieurs formules sont donc possibles : une imposition commune, une imposition séparée des conjoints, enfin une imposition commune avec option, celle permettant aux époux de choisir l'imposition séparée

8. J.-B. Geffroy, *Grands problèmes fiscaux contemporains*, PUF, coll. « Droit fondamental », 1993, p. 351.
9. Voir la contribution de J.P. Chevalier dans *Le droit non civil de la famille*, PUF, 1983, p. 120.

L'imposition commune peut intéresser tous les membres de la famille, à savoir parents et enfants à charge, mais aussi et seulement les époux, à l'exclusion de leur progéniture, comme aux États-Unis ou en Allemagne. L'imposition du foyer au sens large présente la vertu de mesurer au mieux les facultés contributives de la famille. Comme l'a souligné le Conseil des impôts en 1990, c'est la technique qui permet de taxer un niveau de vie, notamment à raison des économies d'échelle que favorise la vie commune, en matière de logement par exemple. La famille est la cellule économique de base, où les ressources et les charges sont mises en commun, où se décident consommation et épargne. L'imposition commune serait donc la plus juste pour tenir compte au mieux des facultés contributives de la famille. Mais il faut reconnaître que cette technique a perdu de sa logique, car elle s'imposait particulièrement du temps où l'on reconnaissant l'existence d'un chef de famille, qui souvent était le seul à procurer des revenus au foyer. Aujourd'hui, l'évolution des mœurs s'associe au développement du travail des femmes, qui assurent également, de plus en plus, la subsistance du ménage. De ce point de vue, les années 1970 marquèrent un tournant avec, à la fois, une baisse de la natalité comme du nombre des mariages et une hausse du travail des femmes[10].

Outre le défaut de ne plus correspondre aux mœurs, l'imposition commune aurait pour effet une surimposition du travail des femmes, qui tendrait donc à décourager celui-ci. En effet, associés à ceux du mari, les revenus de l'épouse sont taxés à un taux plus élevé que dans une imposition séparée. Mais, d'un autre côté, une base assise sur deux parts, ou plus, réduit le montant de l'impôt dû par le couple. Si le travail de l'épouse procure plus de revenus à la famille et donne donc lieu à un impôt d'autant plus lourd qu'il est progressif, il génère également des charges, comme les frais de garde d'enfant ou l'emploi d'une aide ménagère. Le système français offre une réduction d'impôt particulièrement intéressante pour prendre en compte ces dépenses, si bien que la hausse de l'impôt est compensée par sa réduction. Ainsi le droit fiscal, non seulement ne décourage pas le travail des femmes, mais assure une certaine neutralité entre celles qui choisissent de travailler et celles qui restent à la maison.

Face au développement du travail des femmes l'imposition séparée serait cependant plus adaptée au monde moderne. C'est d'ailleurs la formule qui domine parmi les pays de l'OCDE, comme au Royaume-uni ou en Italie. D'un point de vue strictement financier, l'imposition séparée est a priori la plus intéressante car elle permet de limiter la progressivité de l'impôt. Cependant elle rend délicat l'aménagement de l'impôt pour tenir compte des enfants à charge. De mêmes certaines dépenses communes à la famille, comme en matière de logement, ne peuvent que difficilement être prises en considération[11]. L'ambition sociale de l'impôt ne peut donc qu'être limitée. Enfin l'imposition séparée complique la tâche du contrôle fiscal et favorise l'évasion, les époux pouvant se redistribuer certains revenus, comme ceux issus du capital, pour minimiser leur charge fiscale respective. Malgré ces

10. J.B. Geffroy, *op. cit.*, p. 350.

11. P. Beltrame, L. Mehl, *Techniques, politiques et institutions fiscales comparées*, 2e éd., PUF, coll. « Thémis », 1997, p. 200.

défauts, l'imposition séparée tend à se développer dans le monde occidental, sans doute parce qu'elle permet de mieux tenir compte de la place des femmes dans la société.

Cette émancipation est également illustrée par l'option offerte aux femmes mariées en vue d'être imposées séparément de leur mari. C'est le cas de l'Allemagne, où l'imposition commune est de principe, sauf à l'épouse de choisir d'être imposée distinctement. Ce système a sans doute le mérite de la souplesse mais il complique beaucoup le système fiscal. De plus le régime fiscalement le plus intéressant reste celui des époux imposés ensemble et dont la femme ne travaille pas. Sachant qu'en Allemagne les enfants sortent de l'école à 13 heures, le travail des femmes y est moins répandu que dans les autres pays européens. L'option pour l'imposition séparée est donc assez symbolique. La même situation se présente aux États-Unis : les couples peuvent choisir entre une imposition commune ou séparée, mais la déclaration commune reste la plus avantageuse lorsque l'un seulement des époux travaille[12].

L'avantage est particulièrement frappant, en Allemagne et en France, vis-à-vis des célibataires sans enfant. Une étude de l'OCDE[13] a montré que par rapport à un couple avec deux enfants dont un seul des conjoints travaille, un célibataire acquittait un impôt de 18 contre 11 pour le couple en Allemagne, de 8 contre 3 en France. Certes ces chiffres datent de 1985, mais ils traduisent un certain conservatisme face à l'individualisation croissante des sociétés occidentales.

Finalement l'imposition séparée n'est réellement adaptée qu'à un impôt cédulaire, recouvré par voie de retenue à la source, tandis que l'imposition commune correspond à un impôt progressif et déclaratif. L'immense avantage de l'imposition par foyer est de permettre une réelle politique familiale par l'impôt, en prenant en compte les enfants à charge.

II La prise en compte des enfants

Outre la considération du coût que représentent les enfants, il s'agit bien sûr de favoriser la natalité. Encore que, de ce point de vue, on peut trouver une opposition nord/sud. En effet certains pays en développement, la Chine ou l'Inde par exemple, pourraient mettre en œuvre un impôt anti-nataliste. L'idée en a été avancée sans, à notre connaissance, avoir jamais été mise en œuvre. Un des projets consisterait dans un impôt de capitation dont les taux varieraient en fonction du nombre des enfants et indépendamment des revenus du foyer. De plus, pour favoriser le développement, les taux seraient régressifs non seulement à raison du nombre des enfants, mais également en fonction de leur niveau d'études : enseignement primaire, secondaire ou supérieur[14]. Le projet n'est pas totalement incongru mais assemble deux gros défauts : ne pas tenir compte de la richesse du foyer et surtout associer à l'impôt une

12. Voir F. Lefebvre, *Dossiers internationaux, États-Unis*, 7e éd., 2001, n° 2002.
13. Voir J. Owens, « La situation des unités familiales au regard de l'impôt et des transferts sociaux : perspectives internationales », *RFFP*, n° 14, 1986, p. 30.
14. Voir J.C. Martinez, P. di Malta, *op. cit.*, p. 389.

politique malthusienne, très mal vécue dans certaines civilisations, ce que beaucoup pourraient juger insupportable.

Dans le monde occidental, le souci majeur est de limiter la progressivité de l'impôt pour tenir compte des charges de la famille. Deux grands systèmes sont ici utilisés. Soit celui de quotient, qui va diviser la base imposable par un nombre de parts, soit un dispositif d'abattement ou de réduction d'impôt.

Le quotient peut être familial ou conjugal. Le quotient conjugal correspond à l'imposition commune des époux, étudiée ci-dessus. Il permet de diviser la base d'imposition en deux, pour correspondre aux deux conjoints, sans donc que les enfants ne soient compris dans le calcul des parts. Le barème progressif n'est dès lors appliqué que sur la moitié des revenus imposables, ou parfois sur une base divisée par un chiffre légèrement inférieur à deux. D'où le terme de splitting, de l'anglais to split, diviser, couper, alors même que cette technique est principalement issue de l'Allemagne[15]. Les charges représentées par les enfants sont prises en compte en réduisant la base par des abattements ou déductions. Le quotient conjugal a l'avantage de ne pas se montrer trop favorable aux familles nombreuses.

C'est en effet le principal défaut du quotient familial, spécialité française, qui divise les revenus par autant de parts ou demi-parts qu'il y a de parents et enfants. Appliquée à l'état pur cette technique aurait pour conséquence de si bien réduire la progressivité de l'impôt qu'il suffirait de faire beaucoup d'enfants pour ne pas être imposable. Mais il est assez facile, comme le fait la France, de plafonner l'économie d'impôt que permet de réaliser le quotient familial. Cependant ce plafond est placé assez haut, si bien que les familles nombreuses et aisées sont avantagées. Ainsi, seuls 5 % des contribuables atteindraient le plafond[16]. Au contraire le quotient familial est de nul effet pour favoriser la natalité dans les milieux modestes, où le seuil d'imposition n'est pas atteint. Mais ce défaut peut être corrigé avec les allocations familiales.

Pour les foyers imposables, le quotient poursuit clairement une politique nataliste car, si les deux premiers enfants comptent pour une demi-part chacun, le troisième et les suivants représentent une part entière. Or c'est à partir du troisième enfant que se situe le seuil de renouvellement des générations. Si ce seuil n'est pas atteint en France, la part entière du troisième enfant représente une aide précieuse sachant que son arrivée constituer un palier dans le niveau de vie, pour les dépenses de logement notamment. Le système est généreux car si chacun des deux premiers enfants compte fiscalement pour 0,5 il représente 0,3 en unité de consommation ; que dire du troisième et suivants qui comptent pour 1 contre 0,4[17].

En dehors du quotient familial, ou en complément du quotient conjugal, de nombreux États pratiquent un système d'abattement ou de réduction d'impôt qui permet de tenir compte de l'entretien des enfants sans favoriser les familles nombreuses et aisées. En effet, le plus souvent ces avantages sont fixes, à savoir

15. Voir F. Lefebvre, *Dossiers internationaux, Allemagne*, 7e éd., 2004, no 2129.

16. J.B. Geffroy, *op. cit.*, p. 349.

17. H. Sterdyniak *et alii*, « Vers une fiscalité européenne », *Economica*, 1991, p. 118.

qu'ils ne dépendent pas des revenus perçus ou des dépenses supportées[18]. Si la réduction d'impôt favorise généralement les couples aux revenus modestes, l'abattement paraît plus neutre[19]. Globalement les familles aux revenus moyens ou aisés reçoivent une aide fiscale très réduite.

De toutes ces techniques, celle du quotient familial se montre la plus efficace[20], qu'il s'agisse de prendre en considération les charges représentées par les enfants ou de favoriser la natalité. Les bons résultats de celle-ci dans notre pays, par rapport à ses voisins, le démontrent. Mais le quotient familial peut être très coûteux. En France en 1990, il représentait une charge supérieure à 50 milliards de francs[21] pour exclure de l'imposition plus de 2,3 millions de foyers.

Cette politique familiale par l'impôt, quelle que soit la technique utilisée, a le défaut de compliquer le système fiscal et d'être difficile à apprécier dans les résultats qu'elle devrait produire. C'est pourquoi, certains pays, tels que l'Autriche, l'Irlande et les Pays-Bas, ont supprimé ces avantages pour les remplacer par des allocations familiales. Cette option permet d'éviter une trop grande complexité de l'impôt comme des discriminations sociales, sachant que les familles modestes ne paient pas d'impôt sur le revenu. Cet abandon du fiscal pour le social doit cependant être apprécié d'un point de vue psychologique, la mentalité latine préférant souvent un avantage fiscal à une aide directe[22].

Au total le bilan est plutôt satisfaisant. Les législations fiscales ont su s'adapter à l'évolution des mœurs : ne pas avantager le concubinage face au mariage, ou l'inverse, assurer l'égalité dans le couple, ne pas décourager le travail des femmes tout en prenant en compte les charges représentées par les enfants. Il reste qu'en Europe, hormis l'Irlande et la France, la natalité décroît dangereusement. En ce domaine le droit fiscal paraît impuissant car, à moins d'une certaine perversité, on ne fait pas des enfants pour échapper à l'impôt. Ici, seule une politique sociale volontaire peut produire des résultats.

---

18. Voir J. Owens, *op. cit.*, p. 32.
19. H. Sterdyniak *et alii*, *op. cit.*, p. 114.
20. *Ibid.*, p. 118.
21. *Ibid.*, p. 122.
22. P. Beltrame, L. Mehl, *op. cit.*, p. 203.

Le conjoint et l'impôt

Ludovic AYRAULT
Professeur de droit public – Université de Rennes I
Directeur du Laboratoire d'étude du droit public (EA, 2237)

Comment le droit fiscal appréhende-t-il le conjoint ? Les premières contributions ont mis en lumière les différents régimes juridiques applicables depuis l'imposition unitaire des membres d'une famille jusqu'à celle d'un groupe familial autour de la notion de foyer. La notion même de conjoint implique l'existence d'une vie de couple et renvoie normalement au mariage. On ne saurait cependant passer sous silence l'évolution juridique résultant de l'adoption de la loi sur le Pacte civil de solidarité partant du constat qu'il s'agit là aussi d'une union juridiquement reconnue entre deux êtres.

À s'en tenir aux impositions communes, on se rend compte que, en principe, les conjoints représentent les piliers du foyer fiscal. On ne saurait cependant généraliser. Ces derniers peuvent délibérément perdre ce statut à raison de leur âge, de leur situation économique et de leur état de santé. D'éléments principaux du foyer fiscal, ils deviennent alors personnes rattachées à un foyer fiscal. La solidarité familiale intergénérationnelle est encouragée au moyen soit du caractère déductible d'un secours alimentaire (CGI, art. 156-II 2°), soit d'une bonification pour l'application du quotient familial (CGI, art. 196 A bis). Il est alors possible de se placer sous la protection de tiers, le plus souvent, membres du même cercle familial.

Mais si les conjoints constituent normalement les piliers du foyer fiscal, la question peut être posée de leur égalité devant la loi fiscale. À une époque où les questions d'égalité, de non-discrimination à raison du sexe, sont posées en principe, où le sujet de la parité est au cœur des débats politiques, pareille interrogation peut surprendre. Il faut cependant rappeler que le droit fiscal a été le dernier corps de règles juridiques à faire application de la notion de chef de famille. Une telle notion conduit à consacrer une inégalité juridique au sein du couple et, plus précisément, au sein du couple marié. Le Pacte civil de solidarité n'est pas visé par ce propos puisque la notion de chef de famille disparaît de l'ordonnancement juridique français le 1er janvier 1983[1], soit bien avant le PACS. Partant, la remise en cause de la notion de

1. Loi n° 82-1126 du 29 déc. 1982, *Loi de finances pour 1983* : *JO* 31 déc. 1982, p. 3923.

chef de famille s'est traduite par l'affirmation d'une égalité entre conjoints, laquelle est aujourd'hui, et pour l'impôt sur le revenu, codifiée à l'article 6 du Code général des impôts. Le sujet présente-t-il encore un intérêt ? La réponse est positive car si la notion de chef de famille a bien été remise en cause (I), on peut démontrer que l'égalité n'est pas encore parfaite. Certaines dispositions sexuées subsistent en droit fiscal français (II).

I La remise en cause récente de la notion de chef de famille

Le propos vise ici les prélèvements gouvernés par le principe d'une imposition par foyer. Si l'égalité entre époux constitue aujourd'hui la règle, celle-ci ne s'est imposée que récemment à la suite de la remise en cause de la notion de chef de famille, source d'inégalités au sein le couple.

A – Un principe ancien

Jusque fin 1982, avec l'entrée en application de la loi de finances pour 1983, les conjoints mariés étaient traités de manière différente pour l'imposition sur le revenu. On ne saurait cependant dater cette rupture d'égalité du début du XXe siècle partant du constat que de nombreuses impositions antérieures, y compris à la Révolution française, avaient un régime juridique discriminant au sein du cercle familial. La notion de chef de famille était alors utilisée. C'est ainsi que si la taille, impôt direct de l'Ancien Régime était bien assise sur les revenus du foyer fiscal, seul le chef de famille – en principe le mari – était inscrit sur le rôle. L'épouse, les enfants, les serviteurs – bien que vivant tous sous son toit – n'y figuraient pas. On retrouve encore cette notion de chef de famille après la Révolution française. La contribution personnelle mobilière, avec l'article 12 de la loi du 21 avril 1832, avait ainsi institué une cote unique au nom du chef de famille pour l'habitation commune[2]. De même, cette expression figurait dans l'article 8 de la loi du 15 juillet 1914 qui a créé l'impôt sur le revenu. Selon cette disposition, « chaque chef de famille est imposable tant à raison de ses revenus personnels que de ceux de sa femme et des autres membres de la famille qui habitent avec lui[3] ». La formulation a perduré, à quelques changements près, jusque fin 1982 dans l'article 6 du Code général des impôts.

Cette référence au chef de famille n'était pas spécifique au droit fiscal. Bien au contraire. Un lien existait entre cette notion en droit fiscal et le régime juridique de la femme mariée en droit civil. Faut-il rappeler que le code civil consacrait à l'origine l'incapacité de la femme mariée ? La puissance maritale se manifestait dans diverses dispositions relatives au mariage tel l'ancien article 213 du code civil. Si le mari devait protection à sa femme, la femme devait obéissance à son mari. De même, l'ancien article 215 du code civil excluait, sauf rares exceptions, la possibilité pour la femme mariée d'ester en justice sans l'autorisation préalable de son époux.

2. Voir notamment P. COSTES, *La famille devant l'impôt*, thèse de doctorat dact., Paris, 1945, p. 48 ; Dalloz, Rép. prat. 1925, Taxes et impôts directs, n°s 1504 et 1509 et suiv.
3. Dalloz, Rép. prat. 1925, Taxes et impôts directs, n° 1260 et suiv.

Dernier exemple : l'ancien article 217 avec l'interdiction pour l'épouse de signer tout acte extrajudiciaire sans l'autorisation de son mari, et ce, à peine de nullité de l'acte. Le droit civil a toutefois connu une évolution antérieure au droit fiscal.

La capacité civile de la femme mariée a tout d'abord été reconnue pour partie avec la loi du 6 février 1893. Une autre étape est intervenue avec la loi du 18 février 1938, disposition législative qui a d'ailleurs incorporé – pour la première fois – la notion de chef de famille dans le code civil. Selon ce texte, la femme mariée pouvait être chef de famille dans certaines situations (absence ou incapacité du mari). Il faudra cependant attendre le Gouvernement de Vichy et la loi du 22 septembre 1942 pour que soit remise en cause la puissance maritale même si la notion de chef de famille demeure. Trente années seront encore nécessaires pour la supprimer. Avec la loi du 4 juin 1970 sur l'autorité parentale[4], la femme mariée obtient un statut identique à son époux. L'autorité parentale est d'ailleurs assurée ensemble.

Ce qui a prévalu en matière civile n'a cependant eu d'échos en droit fiscal qu'au cours de la décennie 1980 faisant de ce droit le dernier corps de règles à maintenir l'inégalité entre les époux.

B – Une remise en cause récente

La remise en cause de la notion de chef de famille – et partant de l'inégalité entre les époux – a été tardive en droit fiscal par rapport aux autres branches du droit. On a cru en 1918 que le droit fiscal allait devancer le droit civil. Une instruction générale du 30 mars 1918 précisait effectivement que « la qualité de chef de famille n'appartient pas nécessairement à celui des membres de la famille qui peut la revendiquer en droit civil eu égard aux seuls rapports de parenté unissant les personnes qui vivent au même foyer, elle doit être attribuée à celui qui assure en fait la direction de la communauté[5] ». L'administration faisait alors montre d'une volonté de s'écarter du droit commun pour retenir la réalité de la situation et non la seule qualification civile. Cette précision prévalait cependant sous réserve de dispositions législatives contraires. Or, le mari était toujours, de par la loi, le chef de famille. Ce sentiment d'ouverture lié à l'instruction de 1918 n'a pas perduré. L'évolution qu'a connue le droit civil en 1970 n'a pas été suivie en droit fiscal. La situation est demeurée identique à l'esprit de la loi de 1942 et a perduré jusqu'au 1er janvier 1983.

En réalité, on discerne les prémisses de cette évolution dès 1978. En effet, l'article 2 de la loi du 29 décembre 1978 a modifié le régime juridique applicable aux bénéfices professionnels[6]. Alors qu'il revenait au mari de signer les déclarations et de suivre la procédure d'imposition, la situation a évolué. Chaque membre du foyer fiscal est devenu l'interlocuteur de l'administration à raison des bénéfices professionnels qu'il dégageait sur l'exercice. La logique inhérente au contrôle a dès lors prévalu au nom de l'efficacité qui commande de dialoguer avec l'intéressé

4. Loi nº 70-459 du 4 juin 1970, *Loi relative à l'autorité parentale* : *JO* 5 juin 1970, p. 5527.
5. Dalloz, Rép. prat. 1925, Taxes et impôts directs, nº 1262.
6. Loi nº 78-1240, 29 déc. 1978, *Loi de finances rectificative pour 1978* : *JO* 30 déc. 1978, p. 4385.

plutôt qu'avec un représentant. Cette disposition sera suivie de l'article 82 de la loi n° 80-30 du 18 janvier 1980[7] avant que l'article 2-VIII du 29 décembre 1982 supprime cette référence. L'un des derniers archaïsmes encore présents en droit fiscal disparaît.

L'égalité est aujourd'hui normalement la règle. L'article 6 du code général des impôts, dans sa version actuelle, dispose à cet effet que « chaque contribuable est imposé à l'impôt sur le revenu, tant en raison de ses bénéfices et revenus personnels que de ceux de ses enfants et des personnes considérées comme étant à sa charge [...] », « sauf applications des dispositions des 4 et 5, les personnes mariées sont soumises à une imposition commune pour les revenus perçus par chacune d'elles et ceux de leurs enfants à charge mentionnés au premier alinéa ». Pour autant, si l'égalité est la règle, certaines différences demeurent dans l'ordonnancement juridique, vraisemblablement par oubli.

II Le maintien de dispositions discriminatoires

Malgré la suppression de toute mention relative à une différence de traitement entre les époux dans l'article 6 du code général des impôts, certaines dispositions discriminatoires demeurent nonobstant leur irrégularité.

A – *Les dispositions litigieuses*

Deux dispositions peuvent être identifiées dans le code général des impôts avec l'article 1452 en matière de taxe professionnelle et l'article 12 de l'annexe IV en matière d'imposition des revenus mobiliers.

La taxe professionnelle fait l'objet de plusieurs exonérations présentes notamment dans l'article 1452 du code général des impôts. Aux termes du 2° de cette disposition, sont exonérés « la veuve qui continue, avec l'aide d'un seul ouvrier et d'un ou plusieurs apprentis satisfaisant aux mêmes conditions qu'au 1°, la profession précédemment exercée par son mari. Pour l'application du présent article, ne sont pas considérés comme compagnons ou apprentis la femme qui travaille avec son mari, ni les enfants qui travaillent avec leur père ou leur mère, ni le simple manœuvre dont le concours est indispensable à l'exercice de la profession ». L'article comporte deux références sexuées avec les formules « la veuve » et « la femme qui travaille avec son mari ». La rédaction est dépourvue d'ambiguïtés. Mari et femme font l'objet d'un traitement juridique distinct. La loi du 25 avril 1844[8] est à l'origine de la seconde référence tandis que la première apparaît ultérieurement avec l'article 17 de la loi du 15 juillet 1880[9]. Le vote de telles mentions au XIXe siècle peut

---

7. Loi n° 80-30 du 18 janv. 1980, *Loi de finances pour 1980* : *JO* 19 janv. 1980, p. 147.
8. Voir sur ce point : ALLARD, *Loi des patentes de 1844 – Discussion des chambres*, p. 133, 323 et 350.
9. Loi du 15 juillet 1880 : *JO* 22 juillet 1880, p. 8498 ; BOUCARD et JÈZE, *Sciences des finances*, t. 2, Paris, 1902, p. 706.

ne pas surprendre. Il en va tout autrement de leur maintien au XXIe siècle alors que l'actuel article 1452 a fait l'objet de trois modifications en 1985, 1996 et... 2008[10].

Une seconde disposition soulève les mêmes interrogations : l'article 12 de l'annexe IV du code général des impôts issu d'un arrêté du 26 janvier 1938. Cette disposition précise les modalités de contrôle des revenus mobiliers prévues par l'article 57 de l'annexe II. Aux termes de l'article 12, « les femmes mariées peuvent produire une pièce d'identité au nom de leur mari. Dans ce cas, les coupons sont considérés comme présentés pour le compte du mari... » Une précision à destination des seules épouses est prévue pour la justification de l'identité auprès des services fiscaux. Eu égard à la nécessité de justifier l'identité mais aussi aux règles de dévolution du nom dans l'hypothèse d'un mariage, une telle disposition peut être comprise. Il ne faut cependant pas oublier qu'un usage permet au mari, à l'image de son épouse, d'abandonner son nom pour prendre celui de sa femme.

Ces deux articles mettent en lumière la persistance au sein du droit fiscal de dispositions législatives ou réglementaires discriminatoires en fonction du sexe de l'individu. S'il ne peut s'agir que d'un regrettable oubli, il s'expose aujourd'hui à une déclaration d'incompatibilité par rapport aux engagements internationaux de la France.

B – L'irrégularité des dispositions

Partant du constat que les articles 1452 et 12 de l'annexe IV du code général des impôts emportent un traitement juridique différencié en fonction du sexe de l'individu, ces dispositions doivent être jugées comme discriminatoires. L'article 12 de l'annexe IV n'a certes que peu d'incidences en ce qu'il porte uniquement sur la justification d'une identité. En revanche, l'atteinte est plus importante pour l'article 1452. L'exonération dépend directement de la situation familiale et du sexe de l'individu. Le principe de non-discrimination entre hommes et femmes est un principe clairement affirmé dans notre ordonnancement juridique. Sans pour autant exclure des dispositifs dérogatoires, l'égalité est la règle au regard des normes non seulement internes mais aussi européennes et internationales.

Le droit interne consacre le principe de non-discrimination fondée sur le sexe par la voie du principe d'égalité. L'alinéa 3 du préambule de la Constitution du 27 octobre 1946 dispose que « la loi garantit à la femme, dans tous les domaines, des droits égaux à l'homme ». On se bornera cependant à la seule référence à la Convention européenne de sauvegarde des droits de l'homme et des libertés fondamentales qui est certainement le texte le plus à même de permettre à un contribuable d'obtenir gain de cause par le refus que pourrait lui opposer l'administration face à son exigence d'une égalité de traitement.

L'intérêt de la convention élaborée dans le cadre du Conseil de l'Europe résulte de la possibilité de mettre à l'écart une loi nationale bien que promulguée. L'invocation de la violation des articles 14 et 1er du premier protocole additionnel devrait être

10. Loi n° 85-1403 du 30 déc. 1985, *Loi de finances pour 1986* : *JO* 31 déc. 1985, p. 15.448 ; loi n° 96-1182 du 30 déc. 1996, *Loi de finances rectificative pour 1996* : *JO* 31 déc. 1996, p. 19.542 ; D. n° 2008-294 du 1er avr. 2008.

efficace[11] dès lors qu'il s'agit d'opposer une inégalité entre contribuables[12]. La discrimination est établie par le fait de traiter de manière différente des personnes placées dans des situations comparables en dehors de toute justification objective et raisonnable[13]. Sans pour autant exclure toute discrimination fondée sur le sexe, seules des considérations très fortes peuvent conduire la Cour européenne à estimer une telle différence compatible avec le texte de 1950[14]. L'affaire Willis jugée par la juridiction européenne est révélatrice : les autorités britanniques ont refusé au requérant le bénéfice d'une indemnité forfaitaire pour veuve et de l'allocation de mère veuve au seul motif qu'il était un homme. Partant du constat qu'aucune autre raison n'a été invoquée pour lui refuser ces prestations, la Cour européenne des droits de l'homme a jugé qu'il y avait violation de l'article 14 de la convention combiné avec l'article 1er du premier protocole[15]. Cette obligation de combiner l'article 14 avec une autre stipulation de la convention devrait bientôt disparaître puisque le protocole n° 12 entré en vigueur le 1er avril 2005 – mais non encore ratifié par la France – fait mention d'un principe fondamental selon lequel « toutes les personnes sont égales devant la loi et ont droit à une égale protection de la loi ». Pour autant, ce « principe de non-discrimination n'empêche pas les États parties de prendre des mesures afin de promouvoir une égalité pleine et effective, à la condition qu'elles répondent à une justification objective et raisonnable ». L'article premier est beaucoup plus précis que l'article 14 de la convention dès lors qu'il y est affirmé que « 1- la jouissance de tout droit prévu par la loi doit être assurée, sans discrimination aucune, fondée notamment sur le sexe [...] » sachant que « 2 – Nul ne peut faire l'objet d'une discrimination de la part d'une autorité publique quelle qu'elle soit fondée notamment sur les motifs mentionnés au paragraphe 1. » Les contribuables français peuvent ainsi contester la compatibilité non seulement de l'article 1452 mais aussi de l'article 12 de l'annexe IV du code général des impôts. Ces exceptions, traduction d'un archaïsme qui a longtemps imprégné notre droit, y compris en des temps très rapprochés, disparaitront vraisemblablement de l'ordonnancement juridique.

Faut-il, au final, considérer le droit fiscal comme un droit archaïque en ce qu'a été maintenu jusqu'au début de la décennie 80 la référence au chef de famille ? Incontestablement, le législateur a fait preuve de conservatisme. Pour autant, le constat peut être aujourd'hui dressé d'une plus grande réactivité face aux changements dans la société. Ce faisant, il ne s'agit plus de faire référence à l'égalité – aujourd'hui reconnue – au sein du couple mais à l'égalité entre « couples » depuis la création du pacte civil de solidarité. Même si une différence subsiste en ce qui concerne les effets de la remise en cause du pacte (CGI, art. 6-8), le principe est aujourd'hui l'unité de régime non seulement par l'imposition commune reconnue mais aussi par le tarif unifié depuis la loi TEPA. Moins de huit années auront suffi à assurer une quasi-égalité.

---

11. C. Pettiti, « La discrimination en raison du sexe au sens de l'article 14 de la Convention européenne des droits de l'homme dans la jurisprudence de la Cour européenne » : *RTDH* 1995, p. 87-95.
12. CE, avis, Ass., 12 avr. 2002, *SA Financière Labeyrie,* n° 239.693 : *RJF* 6/02, n° 673 et chron. L. Olléon, p. 447-452 et concl. F. Séners : *BDCF* 6/02, p. 83.
13. CEDH, 11 juin 2002, *Willis c. Royaume-Uni*, n° 36042/97, § 48 : *rec.* 2002-IV.
14. *Ibid.*, § 39.
15. *Ibid.*

La fiscalité et les formes de la famille

Par Frédéric DOUET
Maître de conférences à la faculté de droit de l'Université de Caen
Directeur du master droit des assurances de la faculté de droit de Caen

Jusqu'à une époque relativement récente, les fiscalistes travaillaient au même rythme que le Père Noël, c'est-à-dire surtout en fin d'année au moment du vote de la loi de finances et de la loi de finances rectificative. Cette époque est révolue. Désormais, le législateur – qui conçoit notamment le droit fiscal comme un moyen au service de sa politique familiale – prodigue ses mesures fiscales tout au long de l'année. Toutes les lois intervenues récemment en droit de la famille s'accompagnent d'un important volet fiscal. Cela est vrai pour la loi du 15 novembre 1999 relative au PACS, pour la loi du 30 juin 2000 relative à la prestation compensatoire, pour la loi du 3 décembre 2001 relative notamment aux droits du conjoint survivant, pour la loi du 4 mars 2002 relative à l'autorité parentale, pour la loi du 26 mai 2004 relative au divorce et, dernièrement, pour la loi du 23 juin 2006 portant réforme des successions, des libéralités et du PACS. Le législateur donne l'impression – mais peut-être n'est-ce qu'une impression – de vouloir innerver ces lois grâce aux dispositions fiscales qu'elles contiennent. Théoriquement, ces dispositions ne constituent que des mesures d'accompagnement des textes qu'elles assortissent. Il faudrait avoir un cœur de pierre pour penser qu'un contribuable puisse être tenté d'organiser sa situation familiale uniquement sur la base de considérations d'ordre fiscal. Quel serait l'avenir de personnes qui se marieraient ou qui se pacseraient uniquement pour des raisons fiscales ? L'examen de la jurisprudence récente révèle que de telles hypothèses ne sont pourtant pas des hypothèses d'école, ou plutôt d'amphithéâtre[1].

Sous l'angle du droit civil, la notion de « famille » est une notion protéiforme[2]. Si le sujet que les organisateurs de ce colloque – mes collègues F. Garnier et L. Ayrault – m'ont demandé de traiter avait été « Les formes de la famille et la fiscalité », il aurait fallu partir du droit civil pour aller vers le droit fiscal. En d'autres termes, il aurait été nécessaire de retenir une définition de la famille – définition

1. Voir *infra*.
2. Voir plus particulièrement sur cette notion : A. BÉNABENT, *La famille*, 10e éd., Litec, 2001, n° 1 et suiv. ; F. EUDIER, *Droit de la famille*, 2e éd., Armand Colin, coll. « Compact », 2003, n° 2 et suiv. ; Ph. MALAURIE, H. FULCHIRON, *La famille*, 2e éd., Defrénois, coll. « Droit civil », 2006, n° 3 et suiv.

qui n'aurait pas manqué de prêter le flanc à la critique – pour s'intéresser à son traitement au travers du prisme du droit fiscal.

À l'inverse, « La fiscalité et les formes de la famille » conduit à se diriger du droit fiscal vers le droit civil. En matière d'impôt sur le revenu, la famille se réduit au « foyer fiscal ». La notion de foyer fiscal est une notion fourre-tout qui englobe indifféremment tous les types de famille, c'est-à-dire la famille nucléaire[3], la famille monoparentale[4] et – même si les mots jurent entre eux – le ménage d'une personne. Mais la notion de foyer fiscal dépasse le cadre de la famille contemporaine. Dans certains cas, un contribuable peut comprendre dans son foyer fiscal des personnes avec lesquelles il n'a ni lien de parenté, ni lien d'alliance. Il s'agit des enfants recueillis[5] et des invalides vivant avec le contribuable[6].

Par définition, il n'existe qu'un seul type de famille monoparentale et qu'un seul type de « ménage unipersonnel ». Par contre, il existe plusieurs sortes de familles nucléaires *(couples mariés, pacsés ou vivant en concubinage)*. De plus, celles-ci ne sont pas figées *(divorce, rupture du PACS, passage du concubinage au PACS...)*. C'est sous l'angle des familles nucléaires que la question de la fiscalité et des formes de la famille prend tout son relief[7]. Le droit fiscal est notamment un instrument au service de la politique familiale menée par le législateur. Au gré de cette politique, le mariage, le pacte civil de solidarité (PACS) et le concubinage emportent des conséquences fiscales différentes. Cela est vrai en matière d'impôt sur le revenu (I), d'impôt de solidarité sur la fortune (II) et de droits de mutation à titre gratuit (III).

I L'impôt sur le revenu et les formes de la famille

En matière d'impôt sur le revenu, la *summa divisisio* a longtemps consisté à opposer les couples mariés aux couples non mariés *(pacsés et concubins)*. Cette distinction a été remise en cause par la loi de finances pour 2005. Cette loi a en partie – mais en partie seulement – calqué la situation des pacsés sur celle des couples mariés[8]. Du fait de cet alignement, il convient désormais d'opposer les concubins (A) aux époux et aux pacsés (B).

A – L'impôt sur le revenu et les concubins

Sur le fondement de l'article 6-1, alinéa 2, du CGI, le juge fiscal rappelle invariablement que des personnes vivant ensemble, sans être mariées, doivent faire l'objet d'impositions distinctes en matière d'impôt sur le revenu[9]. Il en va de la sorte même

3. Ménage (époux, pacsés ou concubins) vivant avec son ou ses enfants.
4. Célibataire, veuf, divorcé ou ex-pacsé vivant avec son ou ses enfants.
5. CGI, art. 196.
6. CGI, art. 196-A *bis*.
7. Voir plus particulièrement sur l'ensemble de ces questions F. DOUET, *Précis de droit fiscal de la famille*, 7e éd., Litec, 2008.
8. Voir plus particulièrement sur cette question F. DOUET, « L'aménagement de la situation fiscale des pacsés par la loi de finances pour 2005 », D. 2005, n° 16, p. 1058 et suiv., spéc. § 3 et suiv.
9. Voir en ce sens : CE, 8e et 9e sous-sect., 9 déc. 1981, req. n° 22-440 : *RJF* 2/82, n° 116, 2e esp. – CE, 7e et 8e sous-sect., 23 avr. 1975, req. n° 92-621 : *Dupont* 6/75, n° 270. – CE, 7e et 9e sous-sect., 11 juill.

si ces personnes peuvent être regardées comme un « ménage » pour l'application d'autres législations[10]. Cette absence d'imposition commune fait que les concubins ne sont pas solidaires pour le paiement de l'impôt sur le revenu.

Il n'en demeure pas moins que le concubinage soulève certaines questions en matière d'impôt sur le revenu. Trois de ces questions méritent d'être plus particulièrement soulignées.

Tout d'abord, le quotient familial des contribuables vivant en concubinage est le même que celui des couples mariés ayant les mêmes charges de famille[11]. Malgré cet alignement, des concubins ayant des enfants communs ont intérêt à les déclarer à charge de celui ayant les revenus les plus importants.

Ensuite, lorsqu'un contribuable héberge les enfants de son concubin, ces enfants peuvent lui permettre de bénéficier d'une majoration de son quotient familial à condition qu'ils soient « recueillis » au sens de l'article 196 du CGI. Pendant longtemps, le Conseil d'État a considéré qu'un enfant ne pouvait être considéré comme recueilli qu'à partir du moment où cet enfant était matériellement, intellectuellement et moralement à la charge effective et exclusive du contribuable qui demandait son rattachement. Concrètement, la simple présence de l'un des parents des enfants s'opposait à ce que ceux-ci soient considérés comme étant intellectuellement et moralement à la charge effective et exclusive de son concubin. Cette solution conduisait à ne pas qualifier de « recueilli » un enfant hébergé avec l'un de ses parents au domicile du concubin de celui-ci.

Aux termes d'un arrêt du 7 janvier 2000, les juges du Palais-Royal ont assoupli leur jurisprudence sur cette question en jugeant qu'un contribuable peut compter l'enfant de sa concubine comme enfant recueilli à partir du moment où il assure effectivement et exclusivement les besoins matériels de cet enfant, et ce, même si la mère de l'enfant ne s'est pas désintéressée de l'éducation de son enfant et exerce l'autorité parentale sur ce dernier[12]. Cette décision ne résout pas pour autant toutes les difficultés relatives à la notion d'« enfant recueilli ». Il faut déterminer à partir de quel stade un contribuable bénéficiaire de la majoration du quotient familial doit être regardé comme assurant effectivement et exclusivement les besoins matériels des enfants de son concubin. À la lecture de l'arrêt du Conseil d'État du 7 janvier 2000, il apparaît que la mère de l'enfant ne disposait d'aucun revenu. Cette circonstance est de nature à laisser penser que la Haute juridiction fait de l'absence totale de ressources pour le concubin une condition impérative. Mais les tribunaux administratifs et les cours administratives d'appel sont moins exigeants. Le juge fiscal accorde le bénéfice de la majoration du quotient familial à des contribuables dont les

1973, req. n° 73-203 : Dupont 1973, n° 16-396. – CE, 7e sous-sect., 27 janv. 1964, req. n° 49-516 : *Dupont* 1964, n° 5121.

10. Voir en ce sens : CE, 8e et 9e sous-sect., 9 déc. 1981, req. n° 22-440 : préc. note 6.

11. CGI, art. 194-1 : un contribuable célibataire ayant un enfant à charge se voit donc en principe attribuer 1,5 part, 2 parts pour deux enfants à charge, 3 parts pour trois enfants à charge et ainsi de suite.

12. CE, 8e et 9e sous-sect., 7 janv. 2000, req. n° 203069, M. *Navarro* : RJF 2/00, n° 145, concl. G. Bachlier ; *BDCF* 2/00, n° 14.

concubins ne sont pas totalement privés de revenus[13]. Il est souhaitable que seuls les contribuables dont les concubins ont des revenus réellement modiques puissent bénéficier de la majoration du quotient familial. À défaut, cela serait contraire à l'esprit du code général des impôts. Une appréciation trop souple reviendrait à laisser aux concubins ayant des enfants non communs le libre choix de rattacher ces enfants à celui d'entre eux ayant les revenus les plus importants.

Enfin, les salariés peuvent opter pour la prise en compte de leurs frais professionnels pour leur montant réel. En principe, ces salariés peuvent déduire de leur salaire imposable l'ensemble des frais de transport exposés pour se rendre de leur domicile à leur lieu de travail. Par exception, cette prise en compte est limitée lorsque la distance séparant ces deux points est anormalement élevée. Sauf circonstances particulières, une distance n'excédant pas 40 kilomètres est considérée comme normale[14]. L'obligation de communauté de vie entre époux figure parmi ces circonstances[15]. En présence d'époux ayant tous les deux une activité professionnelle salariée, la déduction des frais réels de transport de chacun d'eux doit donc être admise lorsque le lieu de travail de l'un des conjoints se trouve éloigné du domicile conjugal[16]. Bien qu'il n'existe pas d'obligation légale de communauté de vie entre concubins hétérosexuels, le juge fiscal accepte d'appliquer à ceux-ci - à condition que le concubinage présente un caractère stable et continu - la solution dégagée à l'égard des couples mariés[17]. Antérieurement à l'entrée en vigueur de la loi relative au PACS, la cour administrative d'appel de Nancy eut l'occasion de se prononcer sur le fait de savoir si la cohabitation d'un contribuable avec une personne du même sexe pouvait être assimilée au concubinage hétérosexuel et, par suite, lui ouvrir droit à la déduction des frais exposés en raison d'une domiciliation à une distance anormale de son lieu de travail. La cour répondit par la négative en jugeant qu'« en l'état du droit, le concubinage ne peut résulter que d'une relation stable et continue ayant l'apparence du mariage, donc entre deux personnes de sexe opposé[18] ». Depuis l'entrée en vigueur de la loi relative au PACS, le concubinage est « une union de fait, caractérisée par une vie commune présentant un caractère de stabilité et de

---

13. Voir par exemple : CAA Nantes, 1re ch., 5 déc. 2000, req. n° 97NT01699, M. *Jourdet* : *RJF* 3 janvier, n° 279 : femme avec quatre enfants mineurs ayant disposé d'une pension alimentaire et d'allocations familiales à hauteur de 8 293 € au cours de l'année 1992. TA Toulouse, 1re ch., 26 déc. 2000, req. n° 97-1139, M. *Latapie* : *RJF* 7/01, n° 898 : mère ayant perçu des allocations de chômage d'un montant de 7 588 € au cours de l'année 1995. CAA Nantes, 1re ch., 15 mai 2002, req. n° 00NT00592, M. *Reverdy* : *Dr. famille* 2002, n° 12, comm. 154, note F. Douet : femme avec un enfant ayant disposé en 1995, pour tout revenu, de 5 114 € de revenus salariaux.
14. CGI, art. 83, al. dernier.
15. C. civ., art. 215, al. 1.
16. Voir notamment en ce sens : CE, 7e et 9e sous-sect., 24 juill. 1981, req. n° 21621 : *RJF* 10/81, n° 875. – CE, 7e et 9e sous-sect., 15 nov. 1989, req. n° 80542, M. *Masson* : *Dr fisc.* 1990, n° 45, comm. 2104, concl. O. Fouquet; *RJF* 1/90, n° 32.
17. CE, avis, 9e sous-sect., 10 déc. 1993, n° 146623, *Mme Dany Delmarre* : *JO* 24 déc., p. 18016; *Dr fisc.* 1994, n° 27, comm. 1307; Petites affiches 1994, n° 64, p. 15 et suiv., note A. Philipbert; *RJF* 1/1994, n° 38, concl. Ph. Martin, p. 5 et suiv., chron. G. Goulard, p. 2 et suiv. – Voir dans le même sens : CE, 9e sous-sect., 26 janv. 1994, req. n° 128309, M. *Jegou* : *Dr fisc.* 1994, n° 42, comm. 1797. – CE, 9e sous-sect., 26 janv. 1994, req. n° 124378, M. *Cottet* : *Dr fisc.* 1994, n° 42, comm. 1797.
18. CAA Nancy, 2e ch., 11 juin 1998, req. n° 94NC01458, M. *Degryse* : *Dr fisc.* 1999, n° 3, comm. 42, concl. B. Commenville; *RJF* 11/98, n° 1294, concl. B. Commenville, *BDCF* 6/98, n° 129.

continuité, entre deux personnes, de sexe différent ou de même sexe, qui vivent en couple[19] ». Désormais, à condition que la cohabitation d'un contribuable avec une personne du même sexe présente un caractère stable et continu, ce contribuable peut donc obtenir le bénéfice de la jurisprudence relative à la déductibilité des frais de transport exposés par un salarié, marié ou vivant en concubinage hétérosexuel, pour se rendre de son domicile à son lieu de travail[20].

B – L'impôt sur le revenu et les époux et les pacsés

Depuis l'imposition des revenus de l'année 2004, les situations des pacsés en matière d'impôt sur le revenu sont en principe la même que celle des époux.

Jusqu'à l'imposition des revenus de l'année 2003, l'imposition commune en matière d'impôt sur le revenu des pacsés était subordonnée à une condition de durée. Les partenaires devaient attendre l'imposition des revenus de l'année du troisième anniversaire d'enregistrement de leur pacte pour faire l'objet d'une telle imposition. L'imposition commune des partenaires en matière d'impôt sur le revenu était alors obligatoire.

Il semble que ce soit la volonté d'éviter la conclusion de PACS destinés uniquement à permettre la réalisation d'économies d'impôt sur le revenu qui ait motivé l'instauration de cette condition de durée. L'imposition commune des partenaires liés par un PACS peut effectivement permettre à ceux-ci d'effectuer de telles économies. À cet égard, le critère déterminant est l'écart existant entre les revenus respectifs des partenaires et non leur revenu global. Plus cet écart est important, plus, corrélativement, l'économie d'impôt sur le revenu est conséquente[21]. Un contribuable ayant des revenus importants pourrait être tenté de se pacser avec une personne ayant de faibles revenus, voire pas de revenus du tout. Mais il faut garder à l'esprit qu'il ne serait guère pertinent de conclure un PACS dans le seul dessein de profiter d'une économie d'impôt sur le revenu. Tout d'abord, un PACS blanc peut être attaqué au moyen des armes forgées contre les mariages blancs[22]. Ensuite, des effets patrimoniaux importants découlent de la conclusion d'un PACS, notamment la solidarité pour les dettes de la vie courante[23]. Enfin, sous l'angle du droit fiscal, il ne faut pas oublier que les partenaires font l'objet d'une imposition commune en matière d'impôt de solidarité sur la fortune[24] et que chacun d'eux est tenu solidairement au paiement de cet impôt[25] et de l'impôt sur le revenu[26]. L'économie d'impôt sur le revenu qui peut résulter de la conclusion d'un PACS apparaît bien maigre face aux obligations qui découlent de ce contrat. Le législateur n'a donc pas cru bon de

19. C. civ., art. 515-8.
20. CE, 9e et 10e sous-sect., 6 oct. 2004, req. n° 256092 : *Dr fisc.* 2004, n° 48, comm. 857, concl. S. Verclytte ; *RJF* 12/04, n° 1245.
21. Pour des exemples chiffrés, voir F. DOUET, *Précis de droit fiscal de la famille*, préc., n° 1222.
22. Voir plus particulièrement sur cette question : Ph. MALAURIE, H. FULCHIRON, *La famille*, préc., n° 370.
23. C. civ., art. 515-4.
24. CGI, art. 885-A.
25. CGI, art. 1723 *ter*-00-B.
26. CGI, art. 1691 *bis*.

continuer à subordonner l'imposition commune des pacsés en matière d'impôt sur le revenu à une condition de durée.

Le principe de l'imposition commune des époux en matière d'impôt sur le revenu est tempéré par trois exceptions. L'article 6-4 du CGI dispose que les époux font l'objet d'impositions distinctes en matière d'impôt sur le revenu :

– lorsqu'ils sont séparés de biens et ne vivent pas sous le même toit. Lorsque ces deux conditions cumulatives sont remplies, les époux doivent être imposés séparément même en cas de cohabitation périodique à l'occasion de voyages professionnels et de gestion de concert d'intérêts matériels et patrimoniaux communs[27]. En effet dans le cas d'époux séparés de biens, le simple fait que les intéressés résident sous des toits séparés entraîne leur imposition distincte, dès lors que cette résidence n'a pas un caractère temporaire[28] ;

– lorsqu'ils ont été autorisés à résider séparément à l'occasion d'une instance en divorce ou en séparation de corps. Toutefois, la possibilité pour un époux d'obtenir une dispense judiciaire de cohabitation est controversée[29]. En cas de violences conjugales, le juge peut notamment statuer sur la résidence séparée des époux[30]. Mais les mesures prises deviennent caduques si, à l'expiration d'un délai de quatre mois à compter de leur prononcé, aucune requête en divorce ou en séparation de corps n'a été déposée[31]. Même dans l'hypothèse de violences conjugales, il en résulte que la séparation de fait des époux ne peut pas être organisée de façon durable par le juge ;

– ou à condition que l'un d'eux ait abandonné le domicile conjugal et que chacun dispose de revenus distincts.

Les règles d'imposition, d'assiette et de liquidation de l'impôt ainsi que celles concernant la souscription des déclarations, prévues par le code général des impôts en matière d'impôt sur le revenu pour les contribuables mariés, sont transposables dans les mêmes conditions aux partenaires liés par un PACS, sous réserves des dispositions applicables en cas de rupture de celui-ci[32]. L'article 6-4 de ce code prévoit notamment que des époux séparés de fait cessent de faire l'objet d'une imposition commune en matière d'impôt sur le revenu lorsque chacun perçoit des revenus distincts. Par définition, le PACS suppose une vie commune entre les partenaires et, par conséquent, un domicile commun[33]. Sur le fondement des articles 6-4 et 7 du CGI, il semble donc possible de soutenir que des pacsés cessent de faire l'objet d'une imposition commune en matière d'impôt sur le revenu à partir du

27. CAA Paris, 2e ch., 18 juin. 1996, req. n° 94PA00186, M. *Krupa* : *Dr fisc.* 1996, n° 39, comm. 1135, concl. A. Mendras ; *RJF* 11/96, n° 1261.
28. CE, 8e et 3e sous-sect., 25 avr. 2003, req. n° 181-719, M. *Krupa* : *Dr famille* 2004, n° 3, comm. 44, note F. Douet ; *Dr fisc.* 2003, n° 42, comm. 736, concl. G. Bachelier ; *RJF* 7/03, n° 796, concl. G. Bachelier, *BDCF* 7/03, n° 86.
29. V. plus particulièrement sur cette question : A. Batteur, F. Douet, L. Mauger-Vielpeau, N. Rivière, A. Tisserand-Martin, *Le guide des divorces*, 2e éd., Dalloz, coll. « Guides Dalloz », 2007, n° 111.31.
30. C. civ., art. 220-1, al. 3.
31. C. civ., art. 220-1, al. 3.
32. CGI, art. 7.
33. CGI, art. 515-1.

moment où l'un d'eux a abandonné le domicile commun et que chacun d'eux est titulaire de revenus distincts.

Il est envisageable que des contribuables se marient sous le régime de la séparation de biens sans pour autant vivre sous le même toit. Il est aussi possible d'imaginer que des contribuables ayant chacun de revenus distincts se séparent de fait dès leur mariage ou dès l'enregistrement de leur PACS. Dans ces différentes hypothèses, le mariage ou le PACS n'entraîne pas la création d'un nouveau foyer fiscal puisque chacun des époux ou chacun des pacsés continue à être imposé personnellement sur ses propres revenus. Chacun d'eux doit donc être assujetti à l'impôt sur le revenu sous une cote unique au titre de l'année de son mariage ou de son PACS[34].

Il convient d'envisager les conséquences en matière d'impôt sur le revenu de l'hypothèse dans laquelle des époux ou des pacsés alterneraient des périodes de vie commune et des périodes d'absence de cohabitation. Le 1er décembre 2004, la cour administrative d'appel de Paris a rendu un arrêt relatif à cette question[35]. Dans cette affaire, des époux avaient vécu séparément du 1er janvier au 30 juin 1994, puis avaient repris une vie commune le 1er juillet 1994 avant, à nouveau, de se séparer de fait à compter du 1er juillet 1995. Corrélativement, le mari avait souscrit :

– une déclaration de revenus distincte de celle de son épouse pour la période du 1er janvier au 30 juin 1994 ;

– une déclaration de revenus commune avec son épouse pour la période du 1er juillet au 31 décembre 1994 ;

– une déclaration de revenus commune avec son épouse pour la période du 1er janvier au 30 juin 1995 ;

– une déclaration de revenus distincte de celle de son épouse pour la période du 1er juillet au 31 décembre 1995.

À la suite d'un contrôle sur pièces du dossier de ces époux, les services fiscaux ont estimé, par une notification de redressements du 9 juin 1997[36], que ceux-ci auraient dû souscrire deux déclarations de revenus distinctes pour l'ensemble de l'année 1994 et une déclaration de revenus commune pour l'ensemble de l'année 1995.

Par un jugement en date du 21 décembre 2000, le tribunal administratif de Melun a accordé à l'époux la décharge des compléments d'impôt sur le revenu (impôt sur le revenu) pour 1994 et 1995 résultant des redressements antérieurement notifiés[37].

34. Voir en ce sens : CAA Marseille, Plén., 8 avr. 2004, req. n° 99MA00636 : *Dr & Patrimoine* 2005, n° 136, p. 28 et suiv., note F. Douet ; *JCP* N 2005, n° 17, comm. 1252, note F. Douet ; *RJF* 11/04, n° 1071.

35. CAA Paris, 2e ch. A, 1er déc. 2004, req. n° 01PA01922, M. *Chabenet* : *Dr famille* 2005, n° 6, comm. 149, note F. Douet ; *Dr fisc.* 2005, n° 12, comm. 300 ; *JCP* N 2005, n° 23, 1304, note F. Douet ; *RJF* 7/05, n° 652, concl. F. Magnard, *BDCF* 7/05, n° 85.

36. Depuis l'entrée en vigueur de l'article 27 de l'ordonnance n° 2004-281 du 25 mars 2004 relative à des mesures de simplification en matière fiscale (*JO* 27 mars 2004, p. 5894 et s.), la « notification de redressement » s'intitule « proposition de rectification ».

37. Depuis l'entrée en vigueur de l'article 27 de l'ordonnance n° 2004-281 du 25 mars 2004, préc., le terme « redressement » a été remplacé par celui de « rectification ».

Le ministre de l'Économie, des finances et de l'industrie a ensuite demandé à la cour administrative d'appel de Paris la réformation de ce jugement en tant seulement qu'il a déchargé l'époux du complément d'impôt sur le revenu auquel celui-ci a été assujetti au titre de l'année 1994.

La cour administrative d'appel de Paris a jugé que l'impôt sur le revenu auquel l'époux a été assujetti au titre de l'année 1994 devait être remis intégralement à la charge de celui-ci.

La solution de ce litige repose sur la combinaison des articles 6 et 196 *bis* du CGI[38].

En l'espèce, la solution applicable au titre de l'année 1995 ne soulevait pas de difficultés particulières. Au cours de cette année, les époux ont vécu en commun du 1er janvier au 30 juin avant de se séparer de fait à compter du 1er juillet. La combinaison des articles 6-4-c et 196 *bis* 2 du CGI débouche sur la conclusion que l'époux devait souscrire une déclaration commune avec sa conjointe pour la période du 1er janvier au 30 juin 1995 et une déclaration distincte pour la période du 1er juillet au 31 décembre 1995.

S'agissant des revenus de l'année 1994, la cour administrative d'appel de Paris a jugé que les dispositions du 2 de l'article 196 *bis* du CGI « ne prévoient pas que des époux déjà soumis à une imposition distincte en vertu de l'article 6-4 du même code puissent faire l'objet, en cours d'année, d'une imposition commune ; que, par suite, pour déterminer le régime d'imposition d'époux ayant repris la vie commune à la suite d'une séparation de fait, il y a lieu d'apprécier leur situation de famille à la date du 1er janvier de l'année d'imposition mentionnée au 1 du même article ; qu'il résulte de ce qui précède qu'en vertu des dispositions précitées du code général des impôts, des époux séparés de fait et disposant de revenus distincts au 1er janvier de l'année d'imposition qui reprennent en cours d'année la vie commune, ne peuvent être soumis à une imposition commune pour la partie de l'année postérieure à la reprise de la vie commune ».

Suivant ce raisonnement, l'époux ne pouvait prétendre à une imposition commune avec sa conjointe pour la période du 1er juillet 1994 au 31 décembre 1994 puisqu'ils étaient séparés de fait au 1er janvier de la même année.

Cependant, la méthode suivie par la cour administrative d'appel de Paris est contestable car elle consiste à conjuguer des dispositions dont l'objet est différent. L'article 6-4 du CGI est une disposition générale relative à la détermination des

38. L'article 196 *bis* du CGI dispose : « 1. La situation et les charges de famille dont il doit être tenu compte sont celles existant au 1er janvier de l'année de l'imposition. Toutefois, en cas d'augmentation des charges de famille en cours d'année, il est fait état de la situation au 31 décembre ou à la date du décès s'il s'agit d'imposition établie en vertu de l'article 204. 2. Par dérogation aux dispositions du 1, pour le calcul de l'impôt dû au titre de l'année où il y a lieu à imposition distincte dans les cas définis aux 4 et 5 de l'article 6, la situation et les charges de famille à retenir sont celles existant au début de la période d'imposition distincte, ou celles de la fin de la même période si elles sont plus favorables. Pour les périodes d'imposition commune des conjoints, il est tenu compte des charges de famille existant à la fin de ces périodes si ces charges ont augmenté en cours d'année. 3. En cas de mariage en cours d'année, il est tenu compte, pour la période d'imposition commune des conjoints, de la situation et des charges de famille existant au début de la période d'imposition commune ou à la fin de cette période si ces charges ont augmenté au cours de celle-ci. »

personnes imposables en matière d'impôt sur le revenu et l'article 196 *bis* du même code une disposition spécifique au calcul de l'impôt sur le revenu.

Cela étant souligné, la cour administrative d'appel de Paris a retenu que l'article 196 *bis* 2 du CGI s'opposerait au fait que des époux passent en cours d'année d'une imposition distincte à une imposition commune. Toutefois, la rédaction des deux alinéas de cette disposition contredit cette interprétation. À cet égard, il faut garder à l'esprit que l'article 196 *bis* 2 du CGI édicte une exception au principe qui veut que la situation de famille dont il doit être tenu compte est celle existant au 1er janvier de l'année d'imposition (CGI, art. 196 *bis* 1).

L'alinéa 1er de l'article 196 *bis* 2 du CGI n'indique pas expressément que la période d'imposition distincte des époux doit obligatoirement être postérieure à la période d'imposition commune. Si la première devait être forcément postérieure à la seconde, cette disposition préciserait – comme dans son premier paragraphe (CGI, art. 196 *bis* 1) – que la situation et les charges de famille à retenir sont celles existant au début de la période d'imposition distincte, ou celles existant au 31 décembre si elles sont plus favorables.

L'alinéa second de l'article 196 *bis* 2 du CGI prévoit qu'il faut retenir les charges de famille existant à la fin des périodes d'imposition commune des époux en cas d'accroissement de ces charges en cours d'année. Implicitement mais nécessairement, cela revient à admettre qu'il peut y avoir plusieurs périodes d'imposition commune des conjoints au cours d'une même année. L'existence de ces périodes d'imposition commune implique celle de périodes d'imposition distincte.

L'une des implications de la règle d'interprétation stricte des textes fiscaux est de ne pas opérer de distinction là où la loi ne distingue pas[39]. À défaut de précisions contraires prévues par le législateur, l'application littérale de l'article 196 *bis* 2 du CGI aboutit à la conclusion que – contrairement à la solution retenue par la cour administrative d'appel de Paris – des époux déjà soumis à une imposition distincte en vertu de l'article 6-4 du même code peuvent faire l'objet, en cours d'année, d'une imposition commune.

La cour administrative d'appel de Paris s'était déjà engagée dans une voie similaire en jugeant – sur le fondement de l'article 196 *bis* 1 du CGI – que la prise en compte de la situation au 31 décembre en cas d'augmentation des charges de famille ne s'applique pas, lorsque l'enfant, né antérieurement à l'année d'imposition en litige, a été successivement pris en charge au cours de cette année, par l'un, puis l'autre de ses parents imposés séparément[40]. Il semblerait que cette solution ait été motivée par la volonté d'empêcher que les enfants de couples divorcés soient pris en compte au titre de la même année par l'un et par l'autre de leurs parents. Mais en réalité – comme le Conseil d'État l'a énoncé postérieurement à l'occasion

---

39. Voir plus particulièrement sur cette règle d'interprétation : F. Douet, *Contribution à l'étude de la sécurité juridique en droit fiscal interne français*, LGDJ, Biblio. de droit privé, t. 280, 1997, n° 238 et suiv. ; Ph. Marchessou, « L'interprétation des textes fiscaux », *Economica*, 1980, p. 1405 ; Le principe d'interprétation stricte des textes fiscaux, Dr fisc. 1981, n° 30, p. 947 et suiv.
40. CAA Paris, 3e ch., 31 mai 1994, req. n° 93PA01293, M. *Percevaux* : Juris-Data n° 1994-049358 ; *Dr fisc.* 1995, n° 9, comm. 351 ; *RJF* 10/94, n° 1015.

d'une autre affaire – lorsqu'une décision de justice met en cours d'année à charge d'un contribuable divorcé l'entretien de ses enfants, dont la charge principale était préalablement assumée par la mère en vertu du jugement de divorce, la situation et les charges de famille de ce contribuable doivent être appréciées au 31 décembre de l'année d'imposition[41].

En l'espèce, il ne faut pas oublier que la date de la reprise de la vie commune était le 1er juillet 1994 et celle de la séparation de fait le 1er juillet 1995. Le fait pour une période d'imposition commune de cesser ou de débuter le 1er juillet correspond à la date qui permet d'atténuer le plus la progressivité du barème de l'impôt sur le revenu[42]. En portant les 1er juillet 1994 et 1995 sur ses déclarations de revenus litigieuses, l'époux requérant n'avait donc peut-être pas tout à fait collé à la réalité, voire pas du tout collé à la réalité. La solution adoptée dans cet arrêt peut donc s'expliquer par le souci d'éviter que certains contribuables usent et abusent du CGI afin de réduire la pression fiscale pesant sur eux. Il n'en demeure pas moins qu'au lieu placer le débat sur le terrain du champ d'application de l'article 196 *bis* 2 du CGI, l'administration fiscale aurait été plus inspirée de se prévaloir de l'adage *fraus omnia corrumptit*.

Les époux et les pacsés sont solidaires pour le paiement de l'impôt sur le revenu[43]. Mais chacun des époux ou chacun des pacsés peut demander à l'administration fiscale à être déchargé de cette obligation[44]. Le cas échéant, la décision de rejet de ce recours gracieux peut faire l'objet d'un recours pour excès de pouvoir[45].

Certains contribuables, mariés selon la loi coranique, sont polygames. Lorsqu'il en va de la sorte, il semble que la pratique de l'administration fiscale consiste à établir l'impôt sur le revenu au nom du mari et de sa première femme. Les services fiscaux considèrent les autres épouses comme des personnes célibataires et, pour cette raison, les imposent séparément.

II L'impôt de solidarité sur la fortune et les formes de la famille

En matière d'impôt de solidarité sur la fortune, les couples mariés, les pacsés et les concubins font l'objet d'une imposition commune lorsque la valeur de leurs biens est supérieure à la limite de la première tranche du tarif de cet impôt[46].

Cela appelle trois séries d'observations.

Tout d'abord, les seules exceptions à la règle de l'imposition commune des couples en matière d'impôt de solidarité sur la fortune concernent les époux.

---

41. CE, 3e et 8e sous-sect., 21 mars 2003, req. n° 238358, M. *Carpentier* : Juris-Data n° 2003-080317 ; *Dr famille* 2003, n° 10, comm. 128, note F. Douet ; *RJPF* juin 2003, n° 671.
42. V. pour des exemples chiffrés : F. Douet, Précis de droit fiscal de la famille, préc., n° 1105 : Le coin des amateurs, Le cadeau de mariage de l'administration fiscale.
43. CGI, art. 1691 *bis*.
44. CGI, art. 1691 *bis* et LPF, art. L. 247, al. 6.
45. Voir plus particulièrement sur cette question : F. Douet, *Précis de droit fiscal de la famille*, préc., n° 2588 et suiv.
46. CGI, art. 885-A, al. 4 et 5 et 885-E, al. 2.

L'article 885-A, alinéa 4, du CGI renvoie à deux des trois exceptions prévues en matière d'impôt sur le revenu à l'égard des personnes mariées[47]. Ces personnes sont imposées distinctement en matière d'impôt de solidarité sur la fortune :

– lorsqu'elles sont séparées de biens et ne vivent pas sous le même toit. Comme en matière d'impôt sur le revenu, cela peut permettre aux époux de jouer avec la date de la cessation de leur vie sous le même toit ;

– lorsqu'étant en instance de séparation de corps ou de divorce, elles ont été autorisées à avoir des résidences séparées. Comme précédemment, il faut tenir compte du fait que la séparation de fait des époux ne peut pas être organisée de façon durable par le juge[48].

Par contre, l'abandon du domicile conjugal par l'un ou l'autre des époux et le fait que chacun dispose de revenus distincts sont sans incidence sur leur imposition commune en matière d'impôt de solidarité sur la fortune.

Ensuite, à la différence des concubins, les personnes mariées et les partenaires liés par un PACS sont solidaires pour le paiement de l'impôt de solidarité sur la fortune[49]. Mais comme en matière d'impôt sur le revenu[50], chacun des époux ou chacun des pacsés peut demander à l'administration fiscale à être déchargé de cette obligation[51]. Le cas échéant, la décision de rejet de ce recours gracieux peut faire l'objet d'un recours pour excès de pouvoir[52].

Enfin, certaines questions restent en suspens. L'une de ces questions a été tranchée par le juge fiscal. L'administration fiscale soutenait que la valeur de capitalisation des rentes viagères versées à titre de prestation compensatoire devait entrer dans l'assiette de l'impôt de solidarité sur la fortune[53]. La chambre commerciale de la Cour de cassation a jugé le contraire dans la mesure où ces rentes sont insaisissables et incessibles et, par conséquent, privées de valeur patrimoniale imposable[54].

Il reste à s'interroger sur le sort des biens des enfants mineurs dont les parents ne font pas l'objet d'une imposition commune en matière d'impôt de solidarité sur la fortune. Lorsque des parents ont l'administration légale des biens de leurs enfants mineurs, ces parents doivent comprendre ces biens dans leur patrimoine taxable à l'impôt de solidarité sur la fortune[55]. Deux hypothèses sont envisageables à partir du moment où les parents font l'objet d'impositions distinctes en matière d'impôt de solidarité sur la fortune :

47. CGI, art. 885-A, al. 4 et 6-4 a et b.
48. Voir *supra*.
49. CGI, art. 1723 *ter* 00-B.
50. Voir *supra*.
51. LPF, art. L. 247, al. 6.
52. Voir plus particulièrement sur cette question F. Douet, *Précis de droit fiscal de la famille*, préc., n° 2588 et suiv.
53. Voir plus particulièrement sur cette question F. Douet, *Précis de droit fiscal de la famille*, préc., n° 1406. – note sous CA Paris, 1re ch. B, 5 déc. 2002, n° 01-10.672, Mme *Lambrey de Sousa* : *Defrénois* 2003, n° 10, art. 37737, p. 685 et suiv. ; *RGDA* 2003, n° 2, p. 381 et suiv. – note sous CA Paris, 1re ch. B, 3 juill. 2003, n° 02-01.720 : *Defrénois* 2003, n° 23, art. 37844, p. 1563 et suiv. ; *RGDA* 2003, n° 4, p. 819 et suiv.
54. Com., 19 avril 2005, n° 03-11.750 : *Dr fisc.* 2005, n° 23, comm. 467.
55. CGI, art. 885-E, al. 1er.

– si un seul des parents exerce l'autorité parentale, ce parent doit faire figurer dans sa déclaration d'impôt de solidarité sur la fortune la totalité des biens appartenant à son ou à ses enfants mineurs ;

– si les deux parents sont titulaires de l'autorité parentale, l'interprétation littérale du code général des impôts conduit à une double imposition des biens de leurs enfants mineurs. Afin d'atténuer la rigueur de cette solution, la doctrine administrative – qui est opposable à l'administration fiscale sur le fondement de l'article L. 80-A du livre des procédures fiscales – tolère que chacun des parents ne comprenne dans sa déclaration d'impôt de solidarité sur la fortune que la moitié des biens appartenant aux enfants mineurs[56].

Une autre question est celle des modalités d'imposition en matière d'impôt de solidarité sur la fortune d'une personne mariée qui est partie vivre en concubinage. Dans ce cas de figure, l'interprétation littérale du code général des impôts conduit à nouveau à une double imposition des biens de cette personne[57], et ce, sauf si celle-ci est mariée sous le régime de la séparation de biens[58]. Mais en présence d'une personne vivant en état de concubinage notoire qui, par ailleurs, est mariée et soumise à une imposition commune à l'impôt de solidarité sur la fortune avec son conjoint légitime en application de l'article 885-A du CGI, l'administration fiscale admet que les biens de cette personne ainsi que ceux des enfants mineurs dont elle a l'administration légale soient rattachés à son foyer légal[59]. Jusqu'à présent cette tolérance – qui est également opposable à l'administration fiscale sur le fondement de l'article L. 80-A du livre des procédures fiscales – n'a pas été étendue à l'hypothèse dans laquelle un pacsé délaisse son partenaire pour vivre avec une autre personne.

III Les droits de mutation à titre gratuit et les formes de la famille.

En matière de droits de mutation à titre gratuit, la situation des concubins se distingue nettement de celles des époux et des pacsés[60].

Entre concubins, les droits de mutation à titre gratuit sont calculés au taux de 60 % après déduction, seulement en matière de droits de succession, d'un abattement de 1 520 euros[61]. En matière de droits de donation, certaines techniques permettent d'atténuer cette forte pression fiscale. Il s'agit notamment des donations en nue-propriété, du jeu des réductions de droits de donations liées à l'âge du donateur et de la prise en charge des droits de donation par le donateur[62]. Mais il n'en

56. Instr. 14 mai 1997 SLF, BOI 7 S-3-97, 22 mai 1997 ; *Dr fisc.* 1997, n° 23, II, 11-809.
57. CGI, art. 885-A, al. 4 et 885-E, al. 2.
58. La séparation de biens et l'absence de vie sous le même toit entraînent l'absence d'imposition commune des époux en matière d'impôt de solidarité sur la fortune, Voir *supra*.
59. Doc. adm. 7 S-312, 1er oct. 1999, § 4.
60. Voir plus particulièrement sur la situation des couples non mariés au regard des droits de mutation à titre gratuit : F. DOUET, *Précis de droit fiscal de la famille*, préc., n° 1253 et suiv.
61. CGI, art. 788-IV et 777. Montant applicable en 2008.
62. Voir plus particulièrement sur ces techniques F. DOUET, *Précis de droit fiscal de la famille*, préc., n° 1333 et suiv., 2302 et suiv. et 2318 et suiv.

demeure pas moins que la question des transmissions à titre gratuit entre concubins est essentiellement dominée par des considérations d'ordre fiscal.

En matière de droits de mutation à titre gratuit, la loi de finances pour 2005 s'est efforcée d'aligner la situation des pacsés sur celle des couples mariés grâce à deux mesures. Cet alignement a été parachevé par la loi en faveur de l'emploi, du travail et du pouvoir d'achat du 21 août 2007.

La loi de finances pour 2005 a étendu le champ d'application de l'article 764 *bis* du CGI au pacsé survivant. En vertu de cette disposition, il est effectué un abattement de 20 % sur la valeur vénale réelle de l'immeuble constituant au jour du décès la résidence principale du défunt lorsque, à la même date, cet immeuble est également occupé à titre de résidence principale par le conjoint survivant, par le partenaire lié au défunt par un PACS ou par un ou plusieurs enfants mineurs ou majeurs protégés du défunt, de son conjoint ou de son partenaire.

Jusqu'au 31 décembre 2004, l'abattement et le tarif prévus entre pacsés en matière de droits de mutation à titre gratuit ne s'appliquaient aux donations que si, à la date du fait générateur des droits, les partenaires étaient liés depuis au moins deux ans par un PACS. Cette condition de délai a été supprimée par la loi de finances pour 2005[63]. Mais le bénéfice de l'application de l'abattement et du tarif prévu entre pacsés était remis en cause lorsque le pacte prenait fin au cours de l'année civile de sa conclusion ou de l'année suivante pour un motif autre que le mariage entre les partenaires ou le décès de l'un d'entre eux.

En dépit des aménagements apportés par la loi de finances pour 2005, quatre différences notables subsistaient entre la situation des pacsés et celle des époux en matière de droits de mutation à titre gratuit :

– en premier lieu, le pacsé survivant n'était pas été inclus dans le champ d'application de l'abattement global de 50 000 euros pour les successions en ligne directe et au profit du conjoint survivant ;

– en deuxième lieu, l'abattement applicable entre époux était de 76 000 euros alors qu'il n'était que de 57 000 euros entre pacsés ;

– en troisième lieu, le tarif des droits de mutation à titre gratuit entre époux était nettement moins élevé qu'entre signataires d'un PACS. À l'égard de ces derniers, le taux des droits de mutation à titre gratuit était de 50 % pour la fraction supérieure 15 000 euros alors qu'entre époux ce taux atteignait 40 % pour la fraction de part nette taxable supérieure à 1 700 000 euros ;

– en quatrième et dernier lieu, la réduction de droits pour charges de famille était de 610 euros par enfant, en sus du deuxième, si la transmission s'opérait entre époux. En ce qui concerne les donations et successions entre pacsés, cette réduction n'était que de 305 euros par enfant en sus du deuxième.

La loi TEPA a supprimé les droits de mutation par décès entre époux et entre pacsés mais pas les droits de donation.

---

63. Voir plus particulièrement sur cette question F. Douet, « L'aménagement de la situation fiscale des pacsés par la loi de finances pour 2005 », *Le recueil Dalloz*, préc., spéc. § 33 et suiv.

Depuis l'entrée en vigueur de cette loi, les donations entre époux et entre pacsés donnent lieu à l'application d'un abattement de 76 988 euros[64], du même tarif des droits de mutation à titre gratuit[65] et d'une réduction pour charges de famille de 610 euros par enfant à partir du troisième[66]. Une différence demeure s'agissant du régime fiscal des donations entre époux et entre pacsés. Comme auparavant, le code général des impôts précise expressément que la séparation des partenaires, l'année de conclusion de leur PACS ou l'année suivante, entraîne la remise en cause de l'abattement[67]. Dans cette hypothèse, la loi en faveur de l'emploi, du travail et du pouvoir d'achat n'a en revanche pas prévu de remise en cause du tarif des droits applicable entre pacsés.

64. CGI, art. 790-E et 790-F. Montant applicable en 2008.
65. CGI, art. 777-II. Tarif applicable en 2008.
66. CGI, art. 780.
67. CGI, art. 790-F, al. 2.

Transition fiscale en Afrique subsaharienne : quel rôle pour l'impôt sur le revenu ?

Gérard CHAMBAS
Chargé de Recherches CNRS-CERDI (Centre d'Études et de Recherches sur le Développement International UMR 5687) – Université d'Auvergne

Jean-Louis COMBES
Professeur d'économie au CERDI – Université d'Auvergne

Contrairement à une opinion souvent exprimée, les pays d'Afrique subsaharienne mobilisent jusqu'à maintenant un montant de ressources publiques aussi élevé (tableau A1 en annexe) que les autres pays en développement (Amérique Latine, Asie notamment[1]). Pour parvenir à ce niveau de mobilisation fiscale, les pays africains ont particulièrement fait appel aux tarifs douaniers (tableau A2 en annexe).

Cependant, ces dernières années, la plupart des pays africains, soucieux d'accroître leur compétitivité et de favoriser leur insertion dans l'économie mondiale, ont mis en œuvre des politiques de libéralisation commerciale. Ces politiques sont appliquées dans le cadre de zones d'intégration régionale qui couvrent l'ensemble du continent africain. De plus, les accords de partenariat économique (APE) entre les pays ACP (Afrique caraïbe pacifique) et l'Union Européenne, dont l'objectif est à terme de supprimer toute protection tarifaire, seront à l'origine de nouvelles réductions de recettes. Ces baisses de recettes interviennent alors que les pays africains sont engagés dans des stratégies de réduction de la pauvreté qui induiront des charges budgétaires importantes.

Les pays africains sont donc face au défi de maintenir, voire d'augmenter leurs ressources publiques tout en assurant leur « transition fiscale ». Cette dernière consiste à substituer des ressources de fiscalité interne à des recettes tarifaires décroissantes afin d'éviter une chute de leurs ressources publiques globales. La situation des pays africains n'est pas atypique : ces pays se sont inscrits, avec un temps de retard, dans une tendance mondiale. Entre 1980-1982 et 2000-2002 est intervenue pour l'ensemble des PED, une baisse remarquable de la dépendance des

1. Cependant, le niveau de ressources publiques des pays africains est caractérisé par une grande dispersion et de nombreux États africains disposent de ressources publiques faibles par rapport aux besoins en biens publics.

ressources publiques vis-à-vis des taxes sur le commerce extérieur (Berg, Krueger, 2003). Cependant, en raison du décalage dans la mise en œuvre des politiques de libéralisation commerciale, les taxes sur le commerce extérieur des pays africains contribuent encore en moyenne à 22 % de leurs recettes publiques contre environ 10 % pour les autres PED. Le choc à attendre sur les recettes budgétaires des pays africains de la poursuite de la politique de libéralisation tarifaire est donc considérable et des risques de régression des ressources publiques sont d'autant plus à craindre que le niveau de développement des pays concernés est plus faible (Baunsgaard, Keen, 2005).

Jusqu'à maintenant, devant les difficultés pour mobiliser des recettes supplémentaires de fiscalité directe (Chambas *et al.* 2005), les pays africains ont cherché, dans le cadre d'une transition fiscale de première génération, à s'appuyer sur la fiscalité indirecte interne et notamment sur la TVA et les droits d'accises, impôts économiquement plus neutres que les tarifs et dont le produit est susceptible d'être renforcé de manière substantielle (*cf. infra*). Ainsi, la contribution des impôts indirects aux recettes publiques totales a, pour les pays d'Afrique, progressé de 14 points entre 1980-1982 et 2000-2002 (tableau A4) : ces dernières années, des réformes relatives à la législation et au mode d'administration ont permis des augmentations importantes de recettes de fiscalité indirecte interne et notamment de TVA (Ebrill *et al.*, 2001 ; Chambas *et al.*, 2005). Cependant, en dépit de la poursuite des réformes et des progrès encore réalisables, il va être de plus en plus difficile de recouvrer des recettes supplémentaires de TVA ou de droits d'accises et donc de compenser les pertes de recettes tarifaires à travers une progression des seules recettes de fiscalité indirecte interne.

Le défi auquel actuellement les pays africains sont confrontés est de poursuivre avec succès la transition fiscale, c'est-à-dire de compenser les pertes de recettes tarifaires qui seront croissantes notamment avec la mise en œuvre des APE avec l'UE. Aussi, est-il nécessaire d'envisager dès maintenant une transition fiscale de deuxième génération en direction de la fiscalité directe.

La fiscalité directe comporte deux composantes essentielles.

– La fiscalité directe sur le résultat des entreprises constituées en société, qui s'opère à travers des impôts sur les bénéfices (BIC) ou des impôts sur les sociétés (IS) a été l'objet de réformes importantes qui ont permis d'aligner les régimes d'impôt sur le résultat des sociétés africaines avec les pratiques internationales. Subsistent d'importantes difficultés d'administration et de contrôle de l'impôt mais cette catégorie d'impôt ne soulève pas actuellement de difficultés doctrinales dans le cas des pays africains.

– La fiscalité sur le revenu des ménages, y compris sur les bénéfices des entreprises individuelles, restée largement en marge des réformes est à l'origine de grandes difficultés. Ainsi, un vif débat persiste entre les partisans d'un système cédulaire et ceux d'un impôt global progressif; le débat concerne aussi le degré de progressivité souhaitable (équité verticale) et la prise en compte des charges familiales (équité horizontale).

Dans les faits, en raison de leur inadaptation et de grandes difficultés d'administration, les impôts sur le revenu en Afrique restent extraordinairement partiels, puisqu'il ne paraît pas fortement exagéré de les qualifier « d'impôts sur les salariés ». Il est difficile en revanche de les qualifier de « généraux » : malgré certaines tentatives de réformes visant à rationaliser les systèmes d'imposition cédulaires ou à instituer des impôts globaux progressifs sur le revenu (e.g. Cameroun, Mauritanie, Sénégal), les systèmes d'impôt sur le revenu appliqués en Afrique apparaissent de plus en plus en décalage avec les réalités économiques et sociales. Une des causes fondamentales de l'impasse actuelle est l'incapacité de répondre à deux questions essentielles et fortement inter-reliées : quel système d'impôt sur le revenu choisir, quelle doit être la progressivité de l'impôt sur le revenu et doit-on tenir compte des charges familiales pour asseoir l'impôt sur le revenu ?

Après avoir examiné les apports des théories de la fiscalité optimale à la place et à la structure de l'impôt sur le revenu en Afrique, on analyse dans les faits comment les systèmes d'impôt sur le revenu peuvent prendre en compte les objectifs d'équité verticale (progressivité) et d'équité horizontale (charges familiales).

I L'impôt sur le revenu en Afrique : éléments théoriques

La théorie de la fiscalité optimale, qui offre un fondement à l'ensemble des systèmes fiscaux, constitue une théorie normative et non prédictive[2]. Elle ne prend pas en compte les contraintes d'économie politique de l'impôt qui pèsent sur les gouvernements, notamment à l'occasion des réformes fiscales. Or ces contraintes peuvent conduire les gouvernements à choisir des structures fiscales sous optimales mais politiquement acceptables. De plus, en raison de son haut degré de formalisation mathématique et de la nécessité d'adopter des hypothèses très restrictives pour obtenir des résultats, la théorie de la fiscalité optimale ne conduit pas toujours à des recommandations claires en matière de politique fiscale. Cependant, cette théorie propose une grille d'analyse rigoureuse permettant de mieux comprendre les effets complexes de la fiscalité. En particulier, dégager une structure optimale de la fiscalité permet de souligner les inefficacités des régimes fiscaux existants.

A – Les objectifs de l'impôt sur le revenu

Depuis longtemps, les économistes cherchent à fonder de façon rationnelle le niveau et la structure des prélèvements. Ainsi, selon Adam Smith, un système fiscal doit vérifier quatre propriétés : l'équité, la certitude (le système fiscal doit être clairement défini et ne pas être arbitraire), la commodité (les impôts doivent être collectés à un moment adéquat et d'une façon opportune) et l'économie (les coûts d'administration ne doivent pas être élevés et la fiscalité ne doit pas décourager l'activité économique).

À ces propriétés de base, on pourrait ajouter le rendement (le système fiscal doit procurer à moindres coûts les recettes attendues), la flexibilité (l'impôt doit s'adapter à la conjoncture économique et jouer le rôle de stabilisateur automatique) et la stabilité (l'impôt doit procurer des recettes stables à l'État[3]).

---

2. Les principales références sont les manuels de SALANIÉ (2002) et de DEVEREUX (1996).
3. Cette propriété de stabilité est particulièrement importante en Afrique. Dans des économies fondées pour l'essentiel sur la production de produits primaires, l'instabilité des ressources publiques est

L'économie publique a tendance aujourd'hui à réduire à deux le nombre de critères pertinents : l'efficacité et l'équité. Mais ce choix n'est pas exempt d'un certain nombre de difficultés.

1. La définition de l'équité n'est pas unique. D'abord, rappelons que la notion d'équité peut concerner, non pas les résultats de l'activité économique, c'est-à-dire les revenus, mais les opportunités (« capabilities ») ou les circonstances. Selon cette approche, qui a la faveur de nombreux économistes (e.g. Sen, 1985 ; Roemer, 1996 ; Dworkin, 2000), les revenus dépendent, d'une part des « circonstances » (l'environnement social, l'état de santé, le lieu de naissance,...) et d'autre part, du « mérite individuel ». Le décideur public peut alors décider de compenser les handicaps dus aux circonstances. Il doit donc, en quelque sorte, favoriser l'égalité des chances. Cette approche présente cependant une difficulté majeure dans la mesure où il peut être impossible de séparer les circonstances du mérite individuel. En effet, ce dernier dépend, entre autre, de l'esprit d'entreprise, du goût pour le risque et des talents qui peuvent être largement du domaine de l'inné, c'est-à-dire des préférences ou des dotations. La notion d'équité, la plus souvent privilégiée, se focalisera donc simplement sur les revenus.

Les contributions doivent-elles dépendre des facultés contributives ou bien du bénéfice que l'individu retire de l'action publique. Dans le premier cas, on ne fait pas référence aux dépenses publiques financées par l'impôt, alors que dans le second cas et selon le théorème de Bowen, Lindhal et Samuelson, chacun doit payer des impôts en proportion de l'utilité que leur procurent les biens et les services publics.

Par ailleurs l'équité doit-elle être simplement horizontale ou bien également verticale ? Dans le premier cas, l'impôt doit respecter une règle élémentaire d'égalité : des individus ayant les mêmes capacités contributives doivent contribuer également ; cela peut justifier de tenir compte des charges familiales dans la détermination du montant de l'impôt sur le revenu. Dans le deuxième cas, le critère d'équité est lié à la volonté de l'État de redistribuer les revenus et peut donc conduire à la progressivité de l'impôt.

2. L'efficacité économique renvoie à deux problèmes distincts : les coûts de l'administration de l'impôt et les coûts économiques engendrés par les distorsions provoquées par l'impôt.

3. Il est vrai que les objectifs d'efficacité et d'équité sont principalement complémentaires. Ainsi, une trop grande inégalité de revenus, dans des environnements caractérisés par des imperfections de marché (e.g. le marché du crédit : « on ne prête qu'aux riches »), peut engendrer une allocation inefficace des ressources productives dans l'économie. Mais, certains mécanismes de transferts, comme ceux qui reposent sur l'impôt sur le revenu, peuvent décourager l'effort ou inciter à la fraude ou à l'évasion fiscales (substituabilité des objectifs d'efficacité et d'équité).

Ces difficultés sont contournées de la manière suivante :

Les coûts d'administration de l'impôt sont négligés dans les modèles théoriques. Il s'agit naturellement d'une hypothèse très restrictive. Ainsi, quand on compare les

particulièrement forte ce qui est à l'origine de chocs de finances publiques qui sont socialement néfastes.

mérites respectifs d'un impôt direct ou d'un impôt indirect, on ne doit pas oublier que les coûts d'administration de l'impôt direct sont généralement supérieurs à ceux d'un impôt indirect.

On arbitre entre des objectifs contradictoires par l'intermédiaire d'une fonction de bien-être collectif. La question de la fiscalité optimale initiée par Mirrlees se pose alors dans les termes de maximisation de cette fonction sous les contraintes représentées par le fonctionnement de l'économie et l'objectif de recettes fiscales.

B – Comment évaluer l'efficacité de l'impôt sur le revenu ?

L'impôt affecte le bien-être du contribuable de deux manières. D'une part, il réduit son pouvoir d'achat (effet de revenu) et d'autre part, il modifie son comportement en raison de la déformation de la structure des prix relatifs (effet de substitution). En affectant les prix, l'effet de substitution modifie les quantités échangées sur le marché par rapport à l'équilibre concurrentiel. La perte de bien-être liée à ce deuxième effet est connue, dans la littérature, sous le nom de charge fiscale excédentaire ou perte sèche (« *excess burden* »).

D'un point de vue théorique, seule une taxation forfaitaire (« *lump sum tax* ») peut permettre d'éviter la perte sèche. La taxation « forfaitaire », au sens de la littérature économique, ne dépend que de l'identité de l'individu, c'est-à-dire de ses caractéristiques inaltérables (non modifiables) et non des transactions économiques auxquelles il participe. Elle est donc neutre sur le plan économique puisqu'elle élimine les effets de substitution. Ainsi imaginons une société où les individus ne diffèrent que par leurs productivités (et donc leurs revenus). Si ces différences étaient observées par l'État, celui-ci pourrait instituer une fiscalité forfaitaire. Mais, cela exige la collecte d'une quantité considérable d'informations. Par conséquent, en pratique, la fiscalité engendre donc toujours des distorsions. La théorie de la taxation optimale vise alors, sous la contrainte d'un certain niveau de prélèvements, à sélectionner la structure fiscale minimisant la charge fiscale excédentaire.

On considère généralement que les tarifs à l'import ou les taxes à l'export sont les impôts qui engendrent le plus de distorsions (Brun *et al*, 1998). Les réformes fiscales dans les pays en développement visent donc à réduire leur importance au profit de l'impôt sur le revenu et, surtout actuellement, de la TVA (Chambas *et al.*, 2005).

Cependant, l'impôt sur le revenu est également à l'origine de distorsions. Ainsi, il peut provoquer une modification de la répartition entre le travail et le loisir au détriment du travail (effet Laffer[4]). Enfin, l'impôt sur le revenu peut encourager toutes les formes d'évasion fiscale.

Qu'en est-il de la TVA ? Dans la mesure où l'assiette fiscale de l'impôt indirect (les dépenses) est par définition plus étroite que celle de l'impôt direct (le revenu)

---

4. Il est également possible qu'un impôt sur le revenu influence la formation des salaires bruts : pour maintenir les individus sur le marché du travail, les entreprises doivent augmenter les salaires bruts. Autrement dit, le poids de l'impôt sur le revenu est partagé entre les entreprises et les salariés. Il s'agit ici du problème de l'incidence de l'impôt, c'est-à-dire de la divergence entre le contribuable légal et le redevable effectif.

il faut théoriquement[5], pour un objectif donné de recettes fiscales, taxer davantage les dépenses[6]. Or, les distorsions croissent (de façon non linéaire) avec le taux d'imposition. Par conséquent la TVA, dont l'assiette est pour l'essentiel la consommation finale[7], pourrait être jugée responsable de distorsions plus importantes que l'impôt sur le revenu. Mais, la prise en compte de l'épargne permet de porter un jugement beaucoup plus favorable sur la TVA. En effet, l'impôt sur le revenu taxe doublement l'épargne : le revenu qui est épargné et le produit de l'épargne. Au contraire la taxation indirecte ne concerne pas la partie épargnée du revenu, au moins jusqu'à ce que celle-ci soit consommée (Atkinson et Stiglitz, 1980). Il apparaît donc que la TVA entraîne moins de distorsions que la taxation directe dans la mesure où elle ne pénalise pas l'épargne qui est souvent considérée comme insuffisante en Afrique. De plus, une TVA générale à taux unique, pratique dominante en Afrique, ne modifie pas la structure des prix relatifs. Enfin, la TVA concerne en pratique une assiette plus large que les revenus appréhendés par les administrations fiscales africaines (*cf. infra*).

C – Comment intégrer des considérations d'équité dans l'impôt sur le revenu ?

La fonction de bien-être social est l'instrument permettant d'expliciter l'importance que l'État accorde aux considérations de redistribution. Cette fonction doit respecter les préférences individuelles (on dit que la fonction est parétienne). Plusieurs solutions sont envisageables quant à la définition de la structure de pondération permettant l'agrégation des préférences individuelles. Les deux cas extrêmes sont la fonction d'utilité de Bentham et celle de Rawls (1971). Dans le premier cas, l'utilité sociale est une somme non pondérée des utilités individuelles. Autrement dit, on accorde le même poids social à une augmentation de l'utilité, que celle-ci bénéficie à un individu défavorisé ou à un individu favorisé. Cette fonction induit naturellement une redistribution limitée des ressources dans l'économie. Dans le deuxième cas, le bien-être social est mesuré par le bien-être de l'individu le plus défavorisé dans la société (critère du maximin). Cette fonction traduit alors une forte préférence sociale pour la redistribution. Il est naturellement possible de définir des cas intermédiaires où un poids moindre est accordé aux augmentations de bien-être bénéficiant aux individus dont les niveaux d'utilité sont déjà les plus élevés (fonction de Nash,...).

D – Quel degré de progressivité de l'impôt sur le revenu ?

La forme du barème optimal de l'impôt est une question qui remonte à Smith (Chambas et Combes, 2001). Celui-ci suggérait un impôt à taux unique et une exemption au niveau du salaire de subsistance. Malgré cette recommandation, la

5. Cela suppose, comme dans certains pays développés, une bonne capacité des administrations fiscales à imposer la majeure partie des revenus. Cette hypothèse n'est pas vérifiée en Afrique.
6. Dans les pays en développement et notamment les pays d'Afrique au Sud du Sahara, les dons et les transferts des travailleurs émigrés augmentent considérablement l'assiette de la fiscalité indirecte.
7. On doit y ajouter, généralement, les investissements des ménages et les investissements de l'État.

plupart des pays adoptent un impôt sur le revenu avec des taux marginaux croissants. Or, il apparaît que cette forme d'imposition n'est pas optimale car elle engendre beaucoup de distorsions. Par ailleurs, la progressivité des taux n'atteint pas son objectif de redistribution en raison du faible nombre de contribuables et ce tout particulièrement en Afrique.

Mirrlees (1971) propose de calculer le barème optimal de taxation. Il s'agit d'une question difficile puisque la réponse dépend des paramètres du modèle : les objectifs de redistribution du gouvernement, l'élasticité de l'offre de travail et la distribution des productivités entre les ménages. En procédant par simulation, il montre que l'impôt optimal combine des prélèvements avec un taux marginal constant (« *flat tax* ») et un transfert forfaitaire. Si on désigne par T l'impôt, Y le revenu, t le taux d'imposition et F le transfert forfaitaire, on obtient ainsi la formule suivante de l'impôt sur le revenu optimal :

$$T = tY - F \text{ avec } F > 0$$

Il s'agit d'un impôt qui reste progressif dans la mesure où le taux d'imposition moyen est croissant avec le revenu. Pratiquement, ce système pourrait s'assimiler à l'intégration dans le système fiscal d'un impôt négatif[8]. Ce système réduit non seulement les phénomènes de fuite de l'assiette mais également les coûts d'administration de l'impôt. Cependant, en Afrique, un transfert négatif est difficilement envisageable en raison des déséquilibres persistants des finances publiques.

II Progressivité, charges familiales et fiscalité sur le revenu en Afrique

A – Les systèmes d'impôts sur le revenu en Afrique

1. Les impôts cédulaires sur le revenu

Les impôts cédulaires, d'application répandue en Europe jusqu'à la deuxième guerre mondiale qui consistent à taxer séparément les différentes catégories de revenus, sont encore largement appliqués sur le continent africain. Leur principal avantage est de faciliter l'administration de l'impôt et de minimiser le coût de recouvrement : pour de nombreuses catégories d'impôts (salaires, revenus de dividende, revenus financiers, parfois revenus immobiliers), l'administration peut gérer des retenues à la source transitant par des tiers (employeurs, établissements financiers, professionnels de l'immobilier,...). Ces retenues correspondent exactement au

8. On peut se demander si ce système doit s'accompagner d'une taxation indirecte différenciée où l'État surtaxe les biens et les services davantage consommés par les plus riches. Atkinson et Stiglitz (1980) ont apporté, dans certaines hypothèses, une réponse négative à cette question. Intuitivement, la raison en est la suivante : il suffit pour surtaxer les ménages fortement productifs, de taxer davantage les revenus puisque ceux-ci dépendent positivement des productivités. La taxation indirecte uniforme a le mérite de ne pas modifier les prix relatifs. Ce type de résultat condamne en particulier les taux de TVA différents et remet en cause le principe de Ramsey (1927) des finances publiques selon lequel les taux optimaux de taxation sont inversement proportionnels à l'élasticité prix de la demande. En effet, la taxation des biens peu élastiques est la plus rentable puisqu'elle n'entraîne pas une trop forte diminution de la demande et donc de l'assiette fiscale.

montant définitif de l'impôt dû. Dans le système cédulaire, la plupart des déclarations de revenus sont donc inutiles, l'administration n'a pas à contrôler des déclarations sommant les revenus, ni à gérer puis à régulariser les retenues à la source.

Le système d'imposition cédulaire des revenus est fortement critiqué car, contrairement à un impôt général sur le revenu, il ne permet pas l'égalisation des taux marginaux d'imposition des différentes catégories de revenus. Autrement dit, la charge de l'impôt sur le revenu pour un montant de revenu donné varie selon l'importance relative des différentes catégories de revenus. Il est aussi critiqué car très souvent le barème progressif et la prise en compte des charges familiales sont réservés aux seuls salaires. Parfois un système d'imposition progressif est appliqué aux revenus professionnels (BIC, BNC), à des revenus fonciers (cas du Burundi[9]) mais n'interviennent pas de dispositions particulières pour les charges familiales.

On notera que certaines législations s'inscrivant dans la filiation du schéma français de Joseph Caillaux prévoient encore un impôt général sur le revenu superposé au système cédulaire, d'application réservée aux titulaires des revenus les plus élevés. Ce système prévu à la fois pour atténuer les inconvénients du système cédulaire, tout en évitant d'accroître excessivement la charge administrative entraînée par l'application d'impôt globaux sur le revenu, est en fait, malgré son caractère en apparence séduisant, tombé en désuétude : les administrations fiscales africaines ont appliqué seulement la partie cédulaire génératrice de rendements budgétaires importants et de coûts administratifs faibles tandis qu'elles renonçaient à appliquer l'IGR superposé qui nécessitait l'exploitation de déclarations de revenus.

2. *Les impôts globaux sur les revenus*

Les pays développés ont renoncé à appliquer des systèmes cédulaires et ont adopté des systèmes globaux d'impôts sur le revenu prévoyant l'application d'un système d'imposition progressif à la somme de l'ensemble des revenus perçus par un contribuable (individu ou foyer fiscal).

Sur le plan des principes, un système d'impôt global sur le revenu apparaît supérieur à un système cédulaire à l'origine de fortes distorsions. L'impôt global sur le revenu permet de pallier des inconvénients majeurs du système cédulaire. Il permet d'égaliser les taux marginaux d'imposition des différentes catégories de revenus (absence de distorsions dues à la non-discrimination selon les catégories de revenu). De plus, l'impôt global assure une équité horizontale puisqu'à niveau de revenu donné, un contribuable supporte un même montant de prélèvement et il est possible de tenir compte des charges familiales du contribuable pour établir l'imposition de l'ensemble de ses revenus. Enfin, la progressivité du barème, appliquée à l'ensemble des revenus d'un contribuable, va dans le sens d'une équité verticale en tenant compte de la capacité contributive.

---

9. La législation du Burundi prévoit un impôt progressif sur les revenus professionnels avec un taux marginal supérieur de 60 %, un autre impôt à barème progressif toujours avec un taux marginal supérieur de 60 % mais différent dans ses tranches d'imposition du précédent sur les revenus fonciers et enfin un impôt cédulaire proportionnel au taux de 20 % sur les revenus de capitaux mobiliers.

Cependant, les conditions d'application de l'impôt sur le revenu en Afrique, conditions qu'il est possible de qualifier d'« extrêmes », doivent aussi être prises en considération pour arrêter un choix en matière d'impôt sur le revenu, qu'il s'agisse du système d'impôt (cédulaire *versus* impôt global), du degré de progressivité ou de la prise en compte des charges familiales.

B – L'application de l'impôt sur le revenu en Afrique

1. Une pression fiscale discriminatoire selon les catégories de revenus

En dépit des difficultés à disposer de données précises, et cela quel que soit le système de fiscalité retenu (cédulaire, impôt global) choisi, en Afrique, les revenus salariaux qui sont le fait de 2 % à 6 % de la population active (secteur public et secteur privé) sont les contributeurs essentiels de l'impôt sur le revenu. Les entrepreneurs individuels titulaires de Bénéfices Industriels et Commerciaux (BIC) substantiels parviennent largement à échapper à l'impôt sur le revenu. On peut vérifier le caractère discriminatoire de la charge de l'impôt sur le revenu à l'aide du cas camerounais qui est représentatif de la situation de la plupart des pays africains. Le Cameroun est caractérisé par l'existence de nombreux entrepreneurs individuels, extrêmement actifs et titulaires de revenus, mal connus de l'administration fiscale mais importants ; la contribution de ces entrepreneurs individuels à l'impôt sur le revenu au titre du BIC était de 4 % en 2002 contre 62 % pour les salaires (*cf.* tableau 1).

Tableau 1
Taxation des différentes catégories de revenus des personnes physiques au Cameroun (1996-1997 à 2000-2001) – Source : ministère des finances du Cameroun
unité : %

	1996-1997*	1997-1998*	1998-1999	1999-2000	2000-2001	2001-2002
I.2 Impôt sur le revenu des personnes physiques	100,0	100,0	100,0	100,0	100,0	100,0
I.2.1 Impôt total sur les salaires	71,2	62,4	67,1	65,4	63,2	62,6
I.2.1.1 Traitements et salaires	35,8	31,9	35,8	34,6	33,1	31,6
I.2.1.2 Surtaxe progressive	35,4	30,5	31,3	30,8	30,1	31,0
I.2.2 BIC	1,0	3,1	2,8	3,9	4,4	4,0
I.2.3 Revenus agricoles	1,6	0,0	0,1	0,3	0,4	0,2
I.2.4 Revenus non commerciaux	0,0	0,1	0,1	0,2	0,2	0,2
I.2.5 Revenus fonciers	5,5	6,1	6,0	7,5	7,9	9,6
I.2.6 Revenus des capitaux mobiliers	10,8	8,5	8,3	10,3	11,6	9,6
I.2.7 Prélèvement spécial de 15 %	9,8	19,7	15,6	12,2	12,2	13,7

2. *Une progressivité de l'impôt sur le revenu imparfaite et peu significative*

De nombreux barèmes de taxation, notamment pour les impôts cédulaires, présentent des anomalies importantes en matière de progressivité. Ainsi, pour le Cameroun, une charge fiscale régressive est appliquée aux bas salaires (barèmes AIR) : par exemple, le taux de taxation moyen d'un salaire annuel de 300000 francs CFA (5 parts) est de 5,8 % contre 4,9 % pour un salaire 10 fois plus élevé de 3000000 FCFA (cf. tableau 2 et graphique 1). Le fonctionnaire du bas de l'échelle était donc plus taxé jusqu'en 2004 que le fonctionnaire de la haute fonction publique.

Le barème proposé à partir de 2004 (NIR) a été défini comme progressif ce qui constitue une source de complexité dans une administration où beaucoup de calculs restent effectués de manière manuelle en dépit de la disponibilité de moyens électroniques. De plus, on observe que le taux de prélèvement maximal plafonne à moins de 25 % pour les revenus les plus élevés effectivement perçus au Cameroun alors que les bénéfices des sociétés sont taxés au taux de 35 %.

Enfin, la progressivité de l'impôt sur le revenu, même s'exerçant dans le cadre d'un impôt global sur le revenu exerce un effet discriminatoire sur la catégorie des salariés : les entrepreneurs individuels, les professions libérales et les exploitants agricoles importants échappant très largement à l'impôt en raison des difficultés d'application de celui-ci, la progressivité du barème exerce donc en fait une influence marginale sur la distribution des revenus. Fondamentalement, malgré l'adoption d'un système de taxation progressif applicable à la somme des revenus perçus par un contribuable, l'impôt effectif demeure dans les faits un impôt sur les salaires; il ne parvient pas à toucher de manière significative les autres catégories de revenu. Dans ces conditions, les IGR quel que soit le degré de progressivité de leur barème n'affectent pas de manière significative la distribution générale des revenus (Bird, Zolt, 2005).

Tableau 2

Taux moyen d'imposition selon le niveau de revenu :
le cas d'un foyer fiscal* avec un seul titulaire de revenu

Revenu imposable annuel (en milliers FCFA)	300	500	700	1000	2000	3000	5000	7000	10000	14000	16000	20000
Revenu imposable mensuel (en milliers FCFA)	25	42	58	83	167	250	417	583	833	1167	1333	1667
AIR 1 (1 part)	5,8	5,4	5,2	7,3	12,8	16,6	21,9	25,8	30,9	36,1	37,6	39,9
AIR 2 (2 parts)	5,8	5,4	5,2	5,1	7,4	10,5	14,8	18,0	21,8	25,9	27,6	30,9
AIR 3 (3 parts)	5,8	5,4	5,2	5,1	5,0	7,4	11,5	14,2	17,6	21,0	22,6	25,3
AIR 4 (4 parts)	5,8	5,4	5,2	5,1	5,0	5,5	8,9	11,8	14,8	18,0	19,4	21,8
AIR 5 (5 parts)	5,8	5,4	5,2	5,1	5,0	4,9	7,4	9,9	12,8	15,7	17,2	19,4
NIR	0,0	0,0	0,8	2,9	5,4	6,8	10,9	14,3	18,4	21,2	22,0	23,2

* On considère un foyer fiscal avec un nombre variable de parts mais un seul titulaire de revenu. Dans le cas où le foyer fiscal comprend plusieurs titulaires de revenu, chaque titulaire de revenu fera l'objet d'une imposition séparée avec la réforme de l'IRPP. Du fait de la progressivité du barème, l'impôt global supporté par ces contribuables sera inférieur au cas où l'ensemble des revenus est perçu par un seul titulaire.

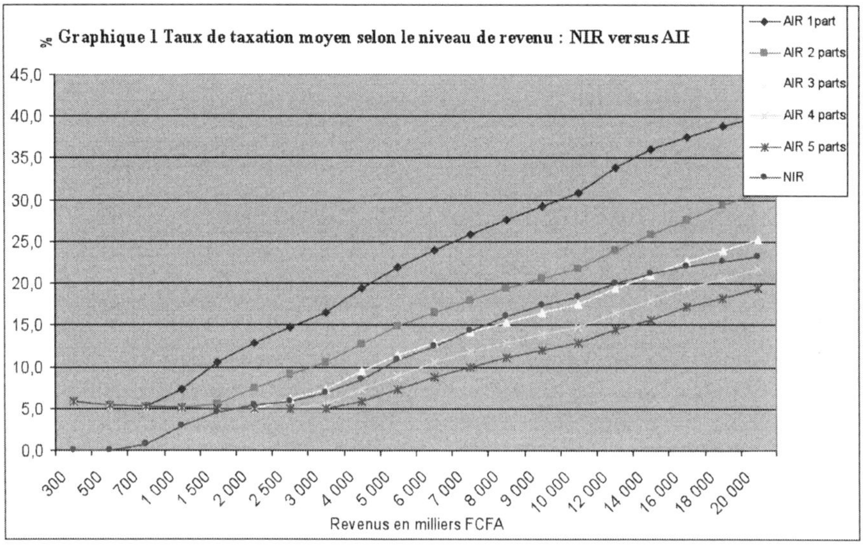

3. La prise en compte des charges familiales dans l'impôt sur le revenu en Afrique

Le plus souvent, le système d'impôt cédulaire sur les différentes catégories prend seulement en compte les charges familiales pour l'imposition des salaires. Parfois, cette prise en compte intervient seulement au niveau de l'IGR superposé et d'ailleurs non appliqué. Ce système s'oppose dans son principe à celui de l'impôt global sur le revenu où les charges familiales peuvent être prises en compte pour l'ensemble des revenus. Cependant, cette pratique à laquelle sont très attachés les contribuables des pays africains présente des fondements faibles compte tenu des conditions d'application des impôts sur le revenu.

4. Le foyer fiscal : l'Afrique, continent précurseur de la complexité

Traditionnellement, lors des enquêtes budget-consommation menées en Afrique, les sociologues mettent en lumière la difficulté de cerner les unités familiales de consommation en raison de la complexité de la famille africaine causée en particulier par la fréquence de la polygamie et de relations familiales souvent complexes dans le cadre de la famille élargie. Cette difficulté est de plus en plus fréquente dans les pays de l'OCDE. Pour les administrations fiscales africaines, cerner le contour des unités familiales, déterminer et contrôler le nombre de personnes la composant ainsi que l'ensemble des revenus tiennent lieu de gageure surtout quand on sait que la plupart des administrations fiscales africaines disposent de moins de huit cents fonctionnaires.

Cette gageure apparaît d'autant plus chimérique que seule une faible minorité de la population est en fait concernée par l'impôt sur le revenu. Dans ces conditions, tenir compte des charges familiales à travers divers systèmes (quotient familial, abattement à la base, crédit d'impôt) ne peut promouvoir de manière significative l'équité horizontale si ce n'est parmi l'ensemble des salariés, minorité de la population active.

5. Fiscalité sur le revenu et politique familiale

Traditionnellement, dans les pays développés, un objectif visé par la prise en compte des charges familiales est de créer une incitation en faveur d'une politique familiale. Il s'agit d'inciter les familles à avoir un plus grand nombre d'enfants. Cette incitation fiscale, dont l'efficacité est douteuse en raison notamment de la non universalité de l'impôt sur le revenu, prend des formes variées selon les pays : système d'origine française du quotient familial, abattement à la base, crédit d'impôt,... Cette transposition de la politique familiale de pays développés à faible démographie dans les pays africains à forte démographie apparaît injustifiée.

6. Conclusion : quelques suggestions

La transition fiscale suppose un accroissement du rendement global de l'impôt sur le revenu en raison des limites à la progression des recettes de fiscalité indirecte interne et notamment de TVA. Celui-ci exige fondamentalement, non pas une augmentation des taux d'imposition ou de la progressivité du barème mais bien un élargissement de l'assiette de cet impôt. Cette orientation est la condition pour que les États disposent des moyens nécessaires au financement des biens publics, notamment en direction des plus pauvres. Cette priorité en faveur de l'élargissement de l'assiette de la TVA peut conduire nombre de pays à faible capacité administrative à opter pour des systèmes d'imposition cédulaires modernisés (Alm, Wallace, 2004) et à renoncer pour l'instant aussi bien à la progressivité qu'à la prise en compte des charges familiales dans le calcul de l'impôt sur le revenu.

En revanche, un système d'abattement serait certainement à maintenir quel que soit le système d'impôt sur le revenu retenu. Dans le cadre d'un impôt cédulaire, un abattement serait à appliquer à la fois pour la cédule revenus salariaux et pour la cédule bénéfices professionnels. Pour les autres cédules, on peut considérer que le contribuable a déjà bénéficié de l'abattement pour d'autres catégories de revenus.

Annexe

L'évolution du taux de prélèvement public des pays africains

Afin de comparer les pays africains aux autres pays en développement, les observations concernent un échantillon d'environ 100 pays en développement, dont environ 45 pays africains sur la période 1980 à 2002. On effectue les distinctions suivantes.

– Le niveau de développement saisi à travers le niveau du PIB par tête agit sur le niveau des ressources publiques (*cf. infra*). Aussi, distingue-t-on les pays africains à faible revenu des pays africains à revenu intermédiaire.

– Pays de la zone franc et les pays africains hors zone franc. L'appartenance aux Unions Monétaires constitutives de la zone franc impose des règles restrictives concernant le financement monétaire des déficits budgétaires. Ces règles agissent certainement sur le niveau de déficit, sur l'accumulation éventuelle d'arriérés publics et finalement sur le prélèvement (Adam *et al.*, 2001).

– Enfin, il est possible qu'en matière de mobilisation de ressources publiques des spécificités apparaissent selon les zones géographiques. Aussi, des moyennes sont-elles calculées pour divers ensembles géographiques : Asie, Amérique Latine, Afrique au Sud du Sahara et enfin, Moyen-Orient/Afrique du Nord.

Tableau A1
Le taux de prélèvement public total des PED :
comparaisons internationales
Unité : % du PIB ; T : taille de l'échantillon.

	Prélèvement public total							
	1980-1982	T	1989-1991	T	1996-1998	T	2000-2002	T
Afrique au Sud du Sahara	20,9	44	19,6	46	19,6	45	20,8	45
PFR en Afrique au Sud du Sahara	19,4	35	16,6	37	16,8	36	18,8	36
PRI en Afrique au Sud du Sahara	26,9	9	31,9	9	30,5	9	28,8	9
Zone franc	20,7	13	16,5	14	14,9	14	18,7	14
Afrique hors zone franc	21,3	31	21,0	32	21,7	31	21,8	31
PED hors Afrique sub-saharienne	21,5	55	20,8	55	21,5	58	20,2	50
Amérique latine	21,2	27	20,1	24	20,7	25	19,7	18
Asie	18,0	19	19,7	20	20,2	20	17,7	18
Moyen-Orient/Afrique du nord	33,3	9	24,2	11	26,7	13	25,9	14
Pays en développement	21,2	99	20,3	101	20,6	103	20,5	95

Les données présentées sont des moyennes arithmétiques calculées sur des périodes de trois ans : 1980-1982, 1989-1991, 1996-1998 et 2000-2002. Sources : Government Finance Statistics GFS (FMI), African Economic and Financial Data, PNUD-Banque Mondiale, données nationales et calculs des auteurs.

Tableau A2
Les impôts sur le commerce international par rapport au prélèvement public global
Unité : % du prélèvement public total ; T : taille de l'échantillon
Source : Brun, Chambas, Combes dans Chambas *et al.*

	1980-1982	T	1989-1991	T	1994-1996	T	2000-2002	T
Pays en développement	28,0	90	25,5	95	21,7	97	16,8	76
Amérique latine	23,9	22	22,0	27	18,7	24	7,9	13
Asie	26,9	19	25,8	20	16,8	18	12,4	12
Afrique au Sud du Sahara	34,1	41	30,0	41	28,2	42	22,2	42
Zone franc	35,1	12	28,8	12	26,5	14	21,4	14
Afrique hors zone franc	33,6	29	32,1	29	29,0	28	22,6	28

Tableau A3
Les impôts directs par rapport au prélèvement public global
Unité : % du prélèvement public total ; T : taille de l'échantillon
Source : Brun, Chambas, Combes in Chambas *et al.* 2005.

	1980-1982	T	1989-1991	T	1994-1996	T	2000-2002	T
Pays en développement	21,4	90	24,4	95	25,3	97	25,8	76
Afrique au Sud du Sahara	20,0	41	23,4	41	22,2	42	24,7	42
Zone franc	19,0	12	24,6	12	20,5	14	18,5	14
Afrique hors zone franc	20,4	29	22,9	29	22,9	28	27,5	28

Tableau A4
La contribution des impôts indirects internes au prélèvement public global
Unité : % du prélèvement public total ; T : taille de l'échantillon
Source : Brun, Chambas, Combes in Chambas *et al.* 2005.

	1980-1982	T	1989-1991	T	1994-1996	T	2000-2002	T
Pays en développement	22,4	90	26,9	95	33,7	97	36,1	76
Afrique au Sud du Sahara	22,3	41	29,5	41	36,9	42	36,7	42
Zone franc	22,8	12	26,9	12	27,2	14	32,8	14
Afrique hors zone franc	22,0	29	30,7	29	41,5	28	38,4	28

Références bibliographiques

ADAM C. S., BEVAN D. L., CHAMBAS G., « Exchange Rate Regimes and Revenue Performance in Sub-Saharan Africa », *Journal of Development Economics*, vol. 64, 2001, 173-213.

ALM J., S. WALLACE, « Can Developing Countries Impose an Individual Income Tax ? », *The Challenge for Tax Reform in a Global Economy Conference*, Georgia State University, May 2004, 24-25.

ATKINSON A.B. et J. E. STIGLITZ, *Lectures on Public Economics*, McGrawHill, 1980.

BAUNSGAARD T., KEEN M., « Tax Revenue and (or ?) Trade Liberalization », *IMF*, FAD, Draft, 2005.

BERG A., KRUEGER A.O., « Trade, Growth and Poverty : A Selective Survey. » *IMF* Working Paper 03/30, 2003.

BIRD R. M., ZOLT E. M. « Redistribution via Taxation : The Limited Role of the Personal Income Tax in Developing Countries ? », *International Tax Program*, University of Toronto, 2004.

BLEANEYY M., GEMMEL N., GREENAWAY D., « Tax Revenue Instability, with Particular Reference to Sub-Saharan Africa », *The Journal of Development Studies*, vol. 31, 1995, 883-902

BRUN J-F., CHAMBAS G., COMBES J-L. « La politique fiscale agit-elle sur la croissance ? », *Revue d'Economie du Développement*, n° 2, juin 1998, 115-125.

CHAMBAS *et alii*, « Afrique au Sud du Sahara. Mobiliser des ressources fiscales pour le développement », *Economica*, Paris, 2005.

CHAMBAS G, COMBES J-L., « L'impôt progressif sur le revenu : deux siècles de débats en France », *Revue Française de Finances Publiques*, n° 74, 2001, 179-213

DEVEREUX M.P., *The Economics of Tax Policy*, Oxford University Press, 1996.

DWORKIN R., SOVEREIGN VIRTUE, *The Theory and Practice of Equality*, Harvard University Press, 2000.

EBRILL L., KEEN M., BODIN J.-P., SUMMERS V., « The Modern VAT », *IMF*, 2001.

EBRILL L., STOTSKY J., GROPP R., 1999, « Revenue Implications of Trade liberalization », *IMF*, Occasional Papers, n° 180, 2001.

KHATTRY B., RAO M., « Fiscal Faux Pas ? An Analysis of the Revenue Implications of Trade Liberalization », *World Development*, vol. 30, 2002, 1431-1460.

MIRRLEES J., « An Exploration in the Theory of Optimal Income Taxation », *Review of Economic Studies*, 38, 1971, 175-208.

RAMSEY F., « A Contribution to the Theory of Taxation », *The Economic Journal*, 37, 1927, 47-61.

RAWLS J., *A Theory of Justice*, Harvard University Press, 1971.

ROEMER J.E., *Theories of Distributive justice*, Harvard University Press, 1996.

SALANIÉ B., « Théorie économique de la fiscalité », *Economica*, 2002.

SEN A., *Commodities and Capabilities*, Amsterdam, North-Holland, 1985.

Les époux et ex-époux face au contrôle fiscal (impôt sur le revenu)

Yves BRARD
Professeur de droit public – Le Mans, Université du Maine

Dans la mesure où les deux époux font l'objet d'une imposition commune sur les revenus des membres de leur foyer (art. 6 CGI), que se passe-t-il en cas de contrôle ? Ont-ils pour autant tous deux la qualité d'interlocuteur de l'administration ? L'administration doit-elle ou peut-elle au contraire s'adresser à l'un des deux ? Ce que fait un époux est-il opposable à l'administration ? Est-ce opposable à l'autre conjoint ? Et ce qu'a fait l'administration envers l'un des époux est-il opposable à l'autre ? Il n'y a pas de réponse unique.

Quand l'administration contrôle certains revenus catégoriels, elle a un seul époux pour interlocuteur (I). Quand elle contrôle le revenu global, elle a deux interlocuteurs possibles (II). La situation, déjà complexe parfois quand il s'agit d'époux non séparés, l'est bien plus encore quand le contrôle fiscal concerne des époux séparés ou des personnes divorcées (III).

I Quand l'administration a un seul époux pour interlocuteur : le contrôle de certains revenus catégoriels (LPF art. L. 54)

A – *L'administration n'a pas le choix de son interlocuteur.*

En matière de bénéfices industriels et commerciaux, bénéfices non commerciaux et bénéfices agricoles, la loi ne donne pas à l'administration le choix de son interlocuteur. La procédure doit être suivie avec un seul. L'article L. 54 du livre des procédures fiscales le dit clairement : « les procédures de fixation des bases d'imposition ou de rectification des déclarations relatives aux revenus provenant d'une activité dont les produits relèvent de la catégorie des bénéfices agricoles, des bénéfices industriels et commerciaux et des bénéfices non commerciaux, ou des revenus visés à l'article 62 du code général des impôts, sont suivies entre l'administration des impôts et celui des époux titulaire des revenus ». Et le texte ajoute : « ces procédures produisent directement effet pour la détermination du revenu global[1] ».

Voyons comment le juge de l'impôt interprète ce texte, voyons les solutions qu'ont retenues les cours administratives d'appel et le Conseil d'État dans l'application de ces dispositions.

Les notifications de redressements (aujourd'hui appelées propositions de rectification) doivent être adressées à celui des époux qui a la qualité d'exploitant, qui exerce l'activité génératrice du revenu contrôlé. La notification n'est donc pas irrégulière pour n'avoir pas été libellée au nom des deux époux, ni pour n'avoir pas été suivie d'une notification portant sur le revenu global[2].

Une procédure de vérification de comptabilité est à juste titre suivie avec l'époux agent d'assurances, ainsi que la procédure de redressement contradictoire portant sur les bénéfices non commerciaux, sans que son épouse ait à être destinataire de l'avis de vérification ni de la notification de redressements, bien que les avis d'imposition soient libellés au nom des deux époux[3]. C'est à bon droit que l'administration suit la vérification de comptabilité avec l'épouse exerçant l'activité libérale de professeur de piano, ou celle d'exploitante agricole, ainsi que la procédure de rectification ou d'évaluation d'office des bénéfices, puis fait produire effet à ces procédures sur le revenu global des époux sans que le mari soit destinataire des notifications[4]. La jurisprudence offre des exemples en matière de bénéfices industriels et commerciaux aussi : vérification de comptabilité régulièrement suivie avec l'épouse restauratrice et redressements régulièrement notifiés à elle seule[5].

Une notification de redressement du revenu global n'est pas nécessaire[6].

---

1. L'actuel article L. 54 du LPF est issu de la loi n° 82-1126 du 29 déc. 1982 art. 2-VIII-2, al. 2. L'ancien article L. 54, qui reprenait les dispositions de l'article 155 B du CGI elles-mêmes issues de la loi n° 78-1240 du 29 décembre 1978, était ainsi rédigé : « En matière d'impôt sur le revenu, lorsqu'elle exerce personnellement une activité dont les produits relèvent de la catégorie des bénéfices industriels et commerciaux, des bénéfices agricoles ou des bénéfices non commerciaux ou revenus assimilés, la femme mariée souscrit elle-même les déclarations spéciales correspondant à ces catégories de revenus. Les procédures de fixation des bases d'imposition ou de rectification des déclarations sont suivies entre l'administration et l'intéressée et, sans préjudice du droit de réclamation du contribuable, produisent directement effet pour la détermination du revenu global. Sur la demande que le contribuable souscrit en même temps que la déclaration d'ensemble des revenus du foyer, l'administration des impôts lui fait connaître distinctement, par lettre recommandée avec accusé de réception, les compléments ou modifications que l'administration a décidé d'apporter à cette déclaration du fait de ces procédures. »
2. Bénéfices non commerciaux : CAA Bordeaux 11 déc. 2003 n° 00BX00300; CAA Paris, 18 nov. 2004 n° 01PA01323. C'est au contraire à tort qu'un contribuable, marié, reprochait à l'administration d'avoir notifié le redressement au foyer fiscal et non à lui seul car « une opération de cession de titres réalisée dans le cadre de la gestion du patrimoine privé [...] ne peut être regardée comme l'exercice d'une activité non commerciale au sens de l'article L. 54 quand bien même le gain en résultant serait rattaché par la loi à la catégorie des BNC » (TA Lyon 16 mai 2000, *RJF* 11/00 n° 1312).
3. CAA Nantes, 12 mai 1998 n° 95NT00069 *Buffont*.
4. CAA Bordeaux, 9 mai 1990, n° 89BX00549, *Curie*; CAA Douai, 17 mai 2000, n° 96DA00428, *Guéranger*.
5. CAA Lyon, 17 avr. 1996, n° 94LY01563 et 1564, *Quach Thai Hoa*; voir aussi : CAA Paris, 18 sept. 1990, n° 89PA01109, *Enfissi* (restauratrice); CAA Bordeaux, 4 mai 2004, n° 00BX02840 (marchand de biens).
6. CE, 18 nov. 1983, n°s 32167 et 32169 (BNC); CAA Nancy, 27 juin 1996, n° 94NC00275, *Limelette* (BIC).

La circonstance que la notification de redressements et la réponse aux observations du contribuable n'ont été adressées qu'à l'époux, et non à son épouse, pourtant titulaire d'une partie des revenus litigieux, a pu justifier un dégrèvement d'office d'un complément d'impôt sur le revenu établi au nom des deux époux, sans affecter pour autant la régularité de la procédure relative aux revenus propres de l'époux[7]. L'administration ayant évalué d'office les profits réalisés en bourse de marchandises (bénéfices non commerciaux) par le contribuable et par son épouse, sans que celle-ci ait été rendue destinataire d'une notification portant sur les opérations la concernant personnellement, la procédure d'imposition est irrégulière[8].

Les mêmes solutions s'imposent pour les revenus visés à l'article 62 du code général des impôts (rémunérations allouées aux gérants et associés de certaines sociétés), depuis que cette catégorie de revenus est mentionnée dans l'article L. 54[9] : la notification doit être adressée à l'époux qui a la qualité de gérant ou d'associé.

B – *Mais le juge fait preuve de souplesse*

Autant il importe que l'administration adresse bien les avis, notifications, réponses etc. à l'époux titulaire de revenus provenant d'une profession non salariée, autant, en revanche, il importe peu, pour le juge de l'impôt, que la notification de redressements soit libellée aux deux époux, à « Monsieur ou Madame », dès lors qu'elle est bien parvenue à l'époux à qui elle était destinée[10], ou qu'il n'est pas contesté que l'administration a suivi avec lui la procédure de rectification des revenus imposables tirés de son activité[11]. La même solution a été retenue sans que soit formulée la condition que l'époux titulaire des bénéfices industriels et commerciaux ait pris connaissance de ce qui le concernait personnellement, mais la notification portait alors à la fois sur les bénéfices industriels et commerciaux et sur les conséquences sur le revenu global[12]. Il est parfois précisé que la mention de l'autre époux comme co-destinataire de la notification constitue une mention superfétatoire sans influence sur la régularité de la procédure[13].

Les procédures de fixation des bases d'imposition ou de rectification des déclarations relatives aux revenus perçus par les associés des sociétés de personnes sont suivies entre l'administration et celui des époux qui a la qualité d'associé. Dès lors que ce dernier a refusé les redressements notifiés au nom des deux époux, il n'est pas fondé à soutenir que cette notification ne lui a pas permis de formuler utilement ses observations[14].

---

7. CAA Nantes, 21 nov. 2000, n° 97NT02649, *Baissac*.
8. TA Rouen, 2 mars 1994, publié aux tables du Recueil Lebon.
9. CE, 3 mai 1995, n° 127886, *Safyurtlu*, *RJF* 1995 n° 735.
10. BIC : CE, 23 févr. 2000, *Legain* ; CAA Paris, 17 avr. 2001, n° 96PA04581, *Goudchaux* – (BNC) · CAA Bordeaux, 29 mars 2004, n° 00BX02515.
11. BIC : CAA Bordeaux, 29 juin 1994, n° 92BX00669, *Odier* ; CAA Douai, 28 sept. 2004, n° 00DA00428-BNC : CAA Nantes, 29 déc. 2000, n° 99NT02361, *Heidari*.
12. CAA Paris, 15 févr. 2000, n° 97PA03492, *Huck*.
13. CAA Marseille, 14 mai 2001, n° 99MA01927, *Cases*.
14. CAA Bordeaux, 29 juin 1994, n° 93BX01030, *Billerach*.

On peut donc dire que le juge écarte une application rigide de l'article L. 54 qui pourrait entraver l'action de l'administration fiscale dès lors qu'aucune atteinte n'est portée aux garanties reconnues au contribuable, sans faire forcément preuve en faveur du contribuable de la souplesse dont il fait bénéficier l'administration. C'est ainsi que la Cour administrative d'appel de Bordeaux a jugé en 1994 que l'article L. 54 fait obstacle à ce qu'en l'absence de mandat exprès l'épouse d'un agent d'assurances présente des observations sur la notification de redressements adressée à son mari : celui-ci a en conséquence été considéré comme ayant acquiescé aux redressements notifiés faute d'y avoir personnellement répondu[15]. La même année, au contraire, la Cour administrative d'appel de Nancy[16], a estimé qu'un contribuable exerçant une activité commerciale dont les déclarations de bénéfices industriels et commerciaux des années 1979 et 1981 ne portaient que la signature de son épouse, qui n'avait pas la qualité d'exploitant, n'était pas pour autant en situation d'évaluation d'office. Mais il est vrai que ce contribuable indiquait sans être contredit avoir régulièrement souscrit la déclaration du revenu global qui reprenait les résultats de son activité commerciale.

En définitive, le principe selon lequel l'administration n'a qu'un des époux pour interlocuteur quand elle contrôle et rehausse certains revenus catégoriels ne conduit pas le juge de l'impôt à annuler la procédure suivie au nom d'un formalisme qui irait au-delà de ce qu'exige la garantie des droits du contribuable. Ce qu'a voulu le législateur, c'est que l'époux concerné soit effectivement mis en mesure de faire valoir ses droits.

Quand le contrôle porte sur le revenu global, il intéresse les deux époux au même titre.

II Quand l'administration a deux interlocuteurs possibles : le contrôle du revenu global (LPF, art. L. 54 A)

A. La loi confère aux deux époux la qualité d'interlocuteur de l'administration : article L. 54 A du livre des procédures fiscales : « Sous réserve des dispositions des articles L. 9 (abrogé) et L. 54, chacun des époux a qualité pour suivre les procédures relatives à l'impôt dû à raison de l'ensemble des revenus du foyer. Les déclarations, les réponses, les actes de procédure faits par l'un des conjoints ou notifiés à l'un d'eux sont opposables de plein droit à l'autre ». L'administration a ainsi deux interlocuteurs au choix, et ce que fait l'un des époux est opposable à l'autre, mais aussi à l'administration. Il n'en a pas toujours été ainsi.

L'administration peut engager une procédure de taxation d'office envers le contribuable qui n'a pas souscrit sa déclaration d'ensemble des revenus. Or, dans un arrêt de 1986[17], le Conseil d'État jugea que n'était pas en situation de taxation d'office un contribuable dont l'épouse avait souscrit à sa place cette déclaration

15. CAA Bordeaux, 17 mai 1994, n° 92BX00743, *Sauvanet*.
16. CAA Nancy, 24 févr. 1994, *DF* 1994 n° 39 comm. 1643.
17. CE, 21 avr. 1986, n° 43402, *Chrun*, *DF* 1986 n° 26 comm.1242, concl. Latournerie.

alors pourtant qu'elle n'avait pas qualité pour le faire au regard des dispositions alors en vigueur des articles 6 et 170 du code général des impôts.

Il avait pourtant retenu la solution contraire auparavant[18], mais c'était avant la loi n° 70-459 du 4 juin 1970 qui a ôté au mari la qualité de chef de famille pour attribuer aux deux époux la direction morale et matérielle de la famille. L'affaire jugée en 1986 concernait des revenus des années 1971 et 1972. En vertu des articles 6 et 170, ils auraient dû être déclarés par le chef de famille, c'est-à-dire par le mari. Or le Conseil d'État n'a pas hésité à écarter ces dispositions en ce qu'elles n'étaient pas en harmonie avec le nouvel article 213 du Code civil, issu de la loi du 4 juin 1970. Le juge a suppléé à la carence du législateur. Il faudra en effet attendre la loi n° 82-1126 (art. 2 et 68) du 29 décembre 1982 pour que le législateur procède enfin à l'harmonisation.

Aujourd'hui donc, s'agissant de la déclaration d'ensemble des revenus du foyer, l'article 170 § 1 bis du CGI, issu de la loi de 1982, précise bien que les époux doivent la signer conjointement. Cependant la déclaration d'ensemble des revenus qui n'est signée que par l'un des deux est opposable à l'autre en vertu des dispositions de l'article L. 54 A du livre des procédures fiscales, issu de la même loi, selon lesquelles, « [...] les déclarations [...] fait(e)s par l'un des conjoints [...] sont opposables de plein droit à l'autre ».

L'opposabilité à l'autre conjoint a toutefois été écartée par le juge s'agissant de la déclaration d'un compte à l'étranger, qui figure pourtant sur la déclaration d'ensemble des revenus : selon un arrêt de la Cour administrative d'appel de Lyon du 13 déc. 2001, M. Vivarat-Perrin[19], la déclaration d'un compte à l'étranger ne peut être souscrite que par l'époux titulaire du compte : « Si les époux ont indistinctement la qualité de déclarant de leurs revenus pour l'établissement de cet impôt qui est établi au nom de l'un ou l'autre, il ne saurait, en revanche, en aller de même pour la déclaration d'un compte à l'étranger, qui ne peut être souscrite que par son titulaire, lequel n'a pas nécessairement donné procuration à son conjoint » et « le défaut de déclaration du compte ouvert à l'étranger ne peut, dès lors, être reproché qu'à son titulaire qui, en conséquence, peut seul se voir infliger l'amende prévue à l'article 1768 bis du code général des impôts ». La solution contraire aurait d'ailleurs méconnu le principe de la personnalité des peines.

Ceci étant, s'agissant du revenu global du foyer, l'article L. 54 A fait des deux époux les interlocuteurs de l'administration mais en laissant à celle-ci la possibilité de choisir son interlocuteur puisque ce que fait l'un est opposable de plein droit à l'autre.

B. L'administration a le choix de son interlocuteur : dès lors qu'il s'agit du revenu global du foyer et non pas d'un revenu catégoriel propre à l'un des époux et visé à l'article L. 54, la procédure est souvent suivie avec les deux époux : les propositions

18. Solution contraire retenue pour la période antérieure à la loi de 1970 : CE, 22 oct. 1976, n° 92182, *Rec. Lebon* p. 442, *DF* 1977 n°s 16-17 comm. 677, concl. Lobry, *RJF* 1976 n° 514; CE, 16 févr. 1977, n° 01228, *DF* 1977 n° 13 comm. 508, *RJF* 1977 n° 224.
19. CAA Lyon, 13 déc. 2001, n° 987LY02302, *M. Vivarat-Perrin*, *DF* 2002 n° 44-45 comm. 881.

de rectification seront adressées aux deux époux etc. Il a été admis que l'administration avait pu adresser aux deux époux une seule lettre de réponse à leurs observations alors même que les redressements portaient sur les salaires imposables de l'épouse avant son mariage, d'une part, et après son mariage, d'autre part, dès lors que celle-ci a effectivement pris connaissance de la réponse de l'administration[20].

Mais la jurisprudence nous offre maints exemples de cas où la procédure suivie avec un seul époux a été jugée régulière : mise en demeure de souscrire la déclaration d'ensemble des revenus adressée au mari[21], demande de justifications envoyée à l'adresse de la maison d'arrêt où le mari est incarcéré, et non au domicile conjugal où vit son épouse[22], avis de vérification approfondie de situation fiscale d'ensemble ou d'examen contradictoire de situation fiscale personnelle ayant pour seul destinataire l'épouse[23] ou le mari[24], sans que l'autre soit personnellement averti, ou encore notifications de redressements et réponses aux observations du contribuable adressées à l'un des deux époux[25]. Peu importe qu'en l'absence de son mari hospitalisé ce soit l'épouse qui ait reçu la notification de redressements adressée à celui-ci[26]. La Cour de cassation applique d'ailleurs la même solution en matière d'impôt de solidarité sur la fortune, les époux étant débiteurs solidaires de cet impôt[27].

Une VASFE a pu être régulièrement suivie avec l'épouse dès lors que cette vérification n'a pas donné lieu à des redressements au titre de revenus catégoriels pour lesquels la procédure aurait dû être suivie avec le mari[28]. Pour le Conseil d'État, un avocat ayant fait l'objet d'une vérification de comptabilité portant sur ses bénéfices non commerciaux, les redressements portant sur d'autres revenus lui ont été régulièrement notifiés à son adresse professionnelle, et non pas au domicile des époux, par la même notification que les rehaussements de bénéfices non commerciaux[29].

L'un ou l'autre des époux a qualité pour répondre seul aux actes notifiés au nom de l'époux précédé de la mention « Monsieur ou Madame », notamment aux notifications de redressements[30].

Bien que l'imposition commune à laquelle sont soumis les conjoints sur les revenus des membres du foyer doive être établie au nom de l'époux précédé de la mention « Monsieur ou Madame » (art. 6 CGI), la seule mention du mari sur l'avis

20. CAA Paris, 26 févr. 2003, *Mme Chiriqui Reineke*, *DF* 2003 n°s 44-45 comm. 796.
21. CAA Paris, 22 oct. 2004, n° 00PA03491.
22. CAA Bordeaux, 29 juin 1994 n° 92BX00606, *Szylagyi*, et CE, CAPC, 1er déc. 1995, n° 161333, *RJF* 5/1996 n° 625.
23. CAA Lyon, 15 juill. 2003 n° 01LY00196.
24. CAA Nantes, 31 déc. 2001, *Richard*; Cass., 2 juin 1993, n° 92-83639, *Zulli et Drob*, *RJF* 11/1993 n° 1502; CAA Bordeaux 1er juin 1993 n° 90BX00189, *Belves*; CAA Paris, 16 juill. 1992, n° 90PA00349, *Plissonneau-Duquene*.
25. CAA Bordeaux, 29 juin 1994, n° 92BX00606, *Szylagyi*, et CE, CAPC, 1er déc. 1995, n° 161333, *RJF* 5/1996 n° 625; CE, 1er mars 2000, *Rousseaux*, *RJF* 4/2000 n° 524; CAA Nantes, 29 juin 2001, n° 97NT02675, *Desjardins*; CAA Nancy, 22 mai 2003, n° 99NC01418; CAA Douai, 7 oct. 2003, n° 01DA01089.
26. CE, 6 nov. 1998, n° 155324, *Bassan*, *RJF* 12/1998 n° 1388.
27. Cass. com., 12 déc. 1989, n° 88-14579, *Fayard*.
28. CAA Bordeaux, 12 oct. 1999, n° 96BX00894 *Mouniq*.
29. CE, 29 oct. 1997, *Voivret*, *DF* 1998 n° 11 comm. 203.
30. CAA Nancy, 1er juill. 1993, n° 92NC00181, *Lefer*.

d'imposition ou même le rôle, à l'exclusion de celle de l'épouse, est sans influence sur la régularité de l'imposition[31].

La transaction signée par l'épouse sur la pénalité pour défaut de déclaration du revenu global est opposable au mari[32]. La requête présentée par deux époux devant le tribunal administratif a été jugée tardive, le mari n'ayant pas retiré le pli contenant le rejet de sa réclamation, qui était libellé à son seul nom : la forclusion était opposable non seulement à l'intéressé mais aussi à son épouse (le litige portait sur des revenus d'origine indéterminée, donc rattachés au revenu global[33]).

L'opposabilité à l'un des époux de ce que fait l'autre ou de ce que l'administration fait envers l'autre (LPF, art. L 54 A) n'est pas sans risque. Elle repose sur une présomption de confiance entre les époux et d'information complète de chacun sur les revenus de l'autre. Cette présomption est sans doute éloignée de la réalité vécue par certains couples. En cas de séparation, elle risque de s'avérer totalement inadaptée.

III Les époux séparés et les ex-époux face au contrôle fiscal

A. Une présomption irréaliste. Quand le contrôle porte sur les revenus de personnes qui se sont séparées ou ont divorcé, de grosses difficultés attendent celle qui est mal informée des procédures suivies avec l'autre. Pour le juge de l'impôt, la régularité de la procédure d'imposition ne s'en trouve pas affectée.

Il a par exemple rappelé que l'épouse séparée de corps a qualité pour suivre les procédures relatives à l'impôt dû à raison de l'ensemble des revenus du foyer ayant fait l'objet d'une déclaration commune[34], ou que les demandes de justifications adressées à l'ancien mari, qui en a accusé réception, doivent être considérées comme ayant été régulièrement notifiées aux deux ex-époux[35].

Il a jugé que le rehaussement des bénéfices non commerciaux d'un homme divorcé, issu de la vérification de sa comptabilité opérée après la séparation des époux, est opposable à son ex-épouse[36].

Un tribunal administratif a bien relevé que la notification de redressement envoyée à M. et Mme X, à l'adresse qui était celle de leur domicile conjugal jusqu'à leur divorce, n'avait été effective qu'à l'égard de l'ex-épouse, il n'en a pas moins considéré qu'elle était opposable à l'ancien mari[37].

---

31. CE, 8 mars 2002, *M. Trabelsi*, *DF* 16/02 p. 658 ; CE, 1er mars 2000, *Rousseaux*, *RJF* 4/2000 n° 524.
32. CAA Bordeaux, 11 févr. 1982, *Lacrouts*.
33. CAA Lyon, 27 mai 1998, n° 97LY02909, *Gotte*, voir aussi CAA Bordeaux, 20 févr. 1996, n° 94BX01027, *Bassole*.
34. CAA Paris, 15 déc. 1994, n° 93PA00110, *Valère*.
35. CAA Lyon, 21 déc. 1993, n° 92LY00313, *M. Ferrero et Mme Nesme*.
36. CAA Bordeaux, 1er juin 1993, n° 91BX00171, *Mme Bernard* ; voir aussi CAA Paris, 1er déc. 2004, n° 00PA02804 : sont opposables à l'ancien mari les actes de procédure faits par l'administration qui a rattaché au revenu global du foyer en tant que revenus d'origine inconnue et taxé d'office, à la suite d'un ESFP, des sommes créditées sur le compte bancaire de l'épouse au cours d'une année antérieure au divorce.
37. TA Orléans, 21 oct. 1997, *Masset*, *DF* 1998 n° 7 comm. 10, voir aussi CAA Paris, 1er déc. 2004, n° 00PA03419, *Mme Le Goff* ; CAA Nancy, 3 juill. 2003, n° 99NC00977.

Dans l'arrêt Mme Morlay du 17 mai 2000[38], le Conseil d'État a énoncé le principe selon lequel, par les dispositions de l'article 6 du code général des impôts et de l'article 54 A du livre des procédures fiscales, « le législateur a [...] entendu donner à chacun des époux qualité pour suivre les procédures relatives à l'imposition commune due à raison de l'ensemble des revenus du foyer, quand bien même les intéressés seraient, à la date de ces procédures, séparés ou divorcés » (formule reprise par les cours administratives d'appel[39]).

Ainsi chacun des époux séparés et des ex-époux est présumé informé des procédures suivies par l'administration envers l'autre. L'affaire Morlay, qui a été portée devant le Conseil d'État, illustre assez bien l'irréalisme de cette présomption. En 1986 et 1987, l'administration adresse à M. Jallet, qui est à l'époque marié à Mme Morlay, des mises en demeure de déposer la déclaration d'ensemble de ses revenus et de ceux de son épouse pour les années 1984, 1985 et 1986. À partir de mars 1987 les époux font l'objet d'une VASFE. Les déclarations ne sont souscrites que le 30 avril 1987, hors délai, ce qui place les époux en situation de taxation d'office. Ils sont autorisés à résider séparément par ordonnance du 1er octobre 1987 puis leur divorce est prononcé le 22 avril 1988. Les redressements portant sur les années 1985 et 1986 sont notifiés en décembre 1988 à M. ou Mme Jallet à l'adresse où ils habitaient pendant leur vie commune et où ne réside plus que M. Jallet. Mme Morlay, ex-épouse Jallet, soutient que la procédure est irrégulière faute d'avoir été personnellement destinataire de cette notification, l'administration ne pouvant ignorer qu'elle ne résidait plus à la même adresse que son ex-époux. Mais, se fondant sur les dispositions de l'article L. 54 A du livre des procédures fiscales, la Cour administrative d'appel de Paris a estimé, et le Conseil d'État a confirmé, que cette notification était opposable à Mme Morlay « nonobstant la circonstance que les intéressés avaient été autorisés à résider séparément [...] et que Mme Morlay aurait informé le service de sa nouvelle adresse ». Chacun des époux avait qualité pour apporter à cette notification de redressements une réponse engageant l'autre.

Dans ses conclusions sur cette affaire, le commissaire du Gouvernement Bachelier écrivait : « On voit bien qu'il est irréaliste de retenir aussi l'existence d'une [...] présomption d'information en cas de séparation ou de divorce. Pour autant nous pensons qu'il y a lieu de confirmer le raisonnement suivi par la cour même si sa rigueur pose d'évidentes difficultés de mise en œuvre. Nous arrivons à cette conclusion pour deux raisons : toute autre solution nous paraîtrait contraire à l'économie des textes et elle serait pour l'administration ingérable ».

B. Une solution réaliste à trouver. L'article L. 54 A vise les époux. Le juge l'étend aux époux séparés ou aux couples divorcés, au risque d'en faire une application mal adaptée à leur situation et de méconnaître les droits du contribuable, en 1er

38. CE, 17 mai 2000, n° 191387, *Mme Morlay*, *DF* 2000 n° 38 comm. 696, *BDCF* 7-8/2000 p. 94 concl. G. Bachelier.
39. CAA Nancy, 23 mai 2002, n° 98NC00087 ; CAA Bordeaux, 27 mai 2004, n° 00BX00608 ; CAA Nantes, 16 juin 2004, n° 01NT00609 ; CAA Lyon, 13 juill. 2004, n° 98LY00719 ; CAA Paris, 31 déc. 2004, n° 01PA01888.

lieu le droit à une information complète. L'administration elle-même en est bien consciente, c'est pourquoi une instruction du 27 janvier 1997[40] prévoit que l'ex-époux non visé par les contrôles effectués est informé des redressements par l'envoi d'une copie des pièces de procédure relatives à la détermination et au recouvrement des droits et pénalités (notification et tous actes ultérieurs). Il est précisé dans cet envoi que la communication est faite à titre d'information. L'adresse de l'ex-conjoint est occultée.

Mais cette instruction n'est opposable à l'administration ni sur le fondement de l'article L. 80 A du LPF, puisqu'elle concerne la procédure, ni sur celui du décret n° 83-1025 du 28 novembre 1983 (art. 1er) car elle n'a pas été publiée. On est dans une impasse en l'état actuel du droit. Seule une disposition législative ou réglementaire pourrait améliorer la situation de l'époux séparé ou de l'ex-époux qui n'a pas suivi la procédure de contrôle et de rehaussement en obligeant l'administration à lui transmettre la copie des pièces qui ont été adressées à l'autre dans la mesure où elle connaît sa nouvelle adresse. Le juge, nous l'avons vu, refuse de prendre en considération la séparation ou le divorce pour écarter l'application de l'article L. 54 A.

Toutefois la Cour administrative d'appel de Lyon, dans l'affaire Lévy jugée en 1992[41], a écarté l'opposabilité à un contribuable divorcé de renseignements fournis par son ex-épouse. À l'occasion d'une VASFE, le vérificateur avait eu un entretien avec Mme Lévy qui lui avait donné des renseignements sur les frais professionnels réels déductibles de ses salaires. Pour la cour, il ne s'agissait pas d'une « réponse » au sens de l'article 2-VIII de la loi du 29 décembre 1982 (LPF, art. L. 54 A) dès lors qu'il résultait de l'instruction que la procédure de vérification avait « été en fait suivie par le vérificateur avec M. Lévy », et le vérificateur ne pouvait pas utiliser ces renseignements sans en informer ce dernier et le mettre en mesure de les contester. Le juge relevait d'ailleurs que M. Lévy avait demandé à l'administration, avant la mise en recouvrement, « la communication des éléments ayant conduit à la remise en cause du montant des frais professionnels déclarés de Mme Lévy ». Le caractère contradictoire de la procédure ayant été méconnu, la réintégration d'une partie des frais professionnels a été annulée.

Certes l'administration a le choix de l'interlocuteur pour le contrôle de l'ensemble des revenus des époux ou ex-époux, mais quand elle suit la procédure de contrôle avec l'un d'eux, elle ne saurait, sans l'en informer préalablement, lui opposer des informations recueillies de façon informelle auprès de l'autre. L'article L. 54 A ne le permet pas. Voilà ce qui ressort de l'arrêt Lévy. Mais la solution protectrice des droits du contribuable retenue par le juge dans cette affaire n'est pas transposable dans les cas de figure les plus fréquents où la procédure qui a été régulièrement suivie avec l'un des époux séparés ou ex-époux est opposée à l'autre sur le fondement de l'article L. 54 A.

---

40. BOI 13 L-1-97.
41. CAA Lyon, Plén., 25 juin 1992 n° 90LY00374, *M. Lévy*, *DF* 1993 n° 11 comm. 571 concl. Mme Haelvoët.

Un jugement du tribunal administratif de Versailles du 6 juillet 2004 a été l'occasion pour les commentateurs de cette décision de relancer le débat[42]. Postérieurement au divorce, les ex-époux ont fait l'objet d'un ESFP (dans l'affaire Morlay, la VASFE était antérieure à la séparation, et dans l'affaire Lévy, les époux étaient déjà séparés lors du contrôle). L'ex-époux a soutenu devant le tribunal que la procédure d'ESFP est « à la fois impraticable et dépourvue de base légale pour le contrôle de revenus imposés en commun d'époux qui sont séparés ou divorcés à la date du contrôle ». À cela le tribunal a répondu en reprenant le principe énoncé dans l'arrêt Morlay. S'appuyant ensuite sur le décret n° 83-898 du 6 octobre 1983, il a considéré que, contrairement à ce que soutenait le contribuable, le pouvoir réglementaire est bien intervenu, par ce décret, comme le prévoyait l'article 2-VIII de la loi du 29 décembre 1982. Il en a conclu que « quelles que puissent être les difficultés pratiques d'information et de participation au contrôle de l'autre conjoint en cas de séparation ou divorce des époux à la date du contrôle » les dispositions de l'article L. 54 A du LPF trouvent à s'appliquer et que cette application ne crée pas de discrimination contraire à l'article 14 de la Convention européenne des droits de l'homme dès lors qu'elle concerne tous les couples devant faire l'objet d'une imposition commune. La note critique publiée à la revue *Droit fiscal* a mis l'accent sur l'inadéquation des textes sur l'examen contradictoire de situation fiscale personnelle au cas des époux divorcés, liée notamment à la limitation à un an de sa durée.

Quoi qu'il en soit, le juge de l'impôt pouvant difficilement échapper sans doute à la rigueur dont il fait preuve dans l'application de l'article L. 54 A, les époux séparés et les personnes divorcées risquent de rester confrontées à des situations peu satisfaisantes sur le plan du respect des droits du contribuable aussi longtemps qu'un aménagement des textes n'aura pas apporté une solution.

---

42. *DF* 2005 n°s 44-45 comm. 815, note Teissier du Cros et Sieraczek-Abitan.

La solidarité fiscale familiale

Yolande SERANDOUR
Professeur de droit privé – Université de Rennes I

Le principal critère de personnalisation des impôts personnels étant le mariage, la solidarité fiscale des époux s'impose. Tel fut le raisonnement des auteurs du décret-loi du 2 mai 1938 instituant la solidarité fiscale des époux devant l'impôt sur le revenu et la taxe d'habitation. Le Conseil d'État avait, dès le 6 mars 1908, déjà décidé en ce sens. À propos de la contribution mobilière, il considérait que la femme qui profite de l'habitation commune doit, même si elle est séparée de biens, contribuer aux charges du ménage et, par conséquent au paiement de l'impôt[1]. L'expression « charges du ménage » devait inspirer l'administration fiscale[2].

L'administration et son juge n'avaient pourtant nul besoin de se justifier car un texte suffit à créer la solidarité légale[3]. Justification d'autant plus inutile qu'elle traduit une réelle confusion entre dette ménagère et dette fiscale. L'impôt sur le revenu et la taxe d'habitation ne sont pas des charges du ménage comme les dettes ménagères dues solidairement par les conjoints en vertu de l'article 220 du Code civil. Ce texte concerne les dettes, contractuelles ou non, ayant pour objet l'entretien du ménage ou l'éducation des enfants. L'impôt sur le revenu, l'impôt de solidarité sur la fortune et la taxe d'habitation ne découlent assurément ni de l'entretien du ménage ni de l'éducation des enfants.

De plus, au regard de l'un des objectifs de l'article 220, instaurer l'égalité des époux en matière d'engagement de dettes ménagères[4], l'explication administrative choque. Si l'impôt est une dette ménagère, l'épouse était fiscalement capable depuis l'avènement de la solidarité devant l'impôt, c'est-à-dire dès 1908 et non à partir de 1983[5]. Enfin, si l'impôt est une dette ménagère, une dette due solidairement par les

1. CE, 6 août 1908, *Dame Batut*, *DP*.1909-3, p. 113.
2. Réponse De La Malène : *JO AN*. 23 juill. 1966, p. 2640.
3. L'article 1202 du code civil prévoit que la solidarité ne se présume point, il faut qu'elle soit expressément stipulée, sauf lorsqu'elle a lieu de plein droit en vertu d'une disposition de la loi.
4. L'autre objectif etant de garantir les créanciers contre l'insolvabilité des époux.
5. Loi n° 82-1126 du 29 déc. 1982, art. 2-VIII-2, al. 3. J-M. BOLLE, « La femme mariée et l'impôt sur le revenu » : *JCP G* 1976, 1, p. 2766 ; D. MARDESSON, « Le couple et l'égalité devant l'impôt sur le revenu » : *JCP G* 1987, J, p. 397 ; A. DEROBERT, « Responsabilité solidaire des époux en matière d 'impôt sur le revenu et de taxe d'habitation » : *Annales des Loyers*, 1987, p. 1203 ; « La solidarité

conjoints, nul besoin de solidarité fiscale ! Aussi, le fondement (I) de la dette fiscale solidaire des époux ou pacsés reste-t-il à découvrir avant de tenter d'en clarifier la contribution (II) au regard du droit civil.

I Le fondement de la dette fiscale solidaire des époux ou pacsés

La solidarité fiscale ne concerne que les personnes mariées ou pacsées. Elle apparaît alors comme une conséquence du mariage ou du PACS régi par le Code civil. Avant la réforme du 29 décembre 1982, le législateur liait cette solidarité à la cohabitation des époux[6]. Ainsi, l'obligation solidaire devant l'impôt sur le revenu et la taxe d'habitation supposait-elle l'existence d'un lien matrimonial et le respect de l'article 215 du Code Civil, lequel impose aux conjoints de vivre ensemble. Cette double condition perdure en matière de taxe d'habitation. En revanche, la cohabitation ne figure plus expressément comme une condition de la solidarité devant l'impôt sur le revenu[7]. Elle n'existe pas plus en matière d'impôt de solidarité sur la fortune. Pourtant, elle explique encore l'obligation solidaire.

En effet, la solidarité a lieu tant que dure l'imposition commune, en fait, autant que s'exprime fiscalement une communauté de vie juridiquement établie. Cette vie commune se répercute sur le montant des impôts communs car elle implique des choix, notamment d'ordre professionnel et patrimonial. La vie commune se traduit également, en principe, par l'occupation d'un seul logement, permettant ainsi au couple de réaliser des économies, notamment de taxe d'habitation.

La solidarité fiscale exprime alors la communauté d'intérêts du couple imposable en commun et partageant le même toit.

A – Communauté d'intérêts du couple imposable en commun

Les modalités de détermination de l'impôt sur le revenu ou de l'impôt de solidarité sur la fortune démontrent une étroite interdépendance fiscale entre époux ou pacsés.

Les revenus mobiliers échappent totalement ou partiellement à l'impôt sur le revenu lorsqu'ils proviennent de placements exonérés[8] ou de valeurs mobilières ouvrant droit à abattement[9]. Afin d'optimiser leurs placements mobiliers, les couples imposables en commun ont évidemment intérêt à se concerter. Concertation d'autant plus nécessaire que certains titres sont exonérés d'impôt de solidarité sur la fortune, totalement ou partiellement[10].

---

des époux face à l'impôt » : Express Documents, 2 avril 1993, n° 2483, p. 17 ; - D. GRILLET-PONTON, « L'obligation solidaire des époux à la dette fiscale ou la tunique de Nessus » : *Dr. fisc.* 2001, n° 42, p. 1477 ; C. DAVID : J- Cl. Fiscal ID, Fasc. 64.

6. CGI, art. 1685.1 ancien « Chacun des époux lorsqu'ils vivent sous le même toit est solidairement responsable des impositions assises au nom de son conjoint, au titre de la taxe d'habitation ou l'impôt sur le revenu. »
7. CGI. Art. 1685.2 : « Chacun des époux est tenu solidairement au paiement de l'impôt sur le revenu. »
8. CGI, art. 157, 3°, 3° ter, 5° bis, 7° et suiv.
9. CGI, art. 158-3.
10. CGI, art. 885 I ter, 885 I bis, 885 H...

Concernant les revenus fonciers, l'absence d'individualisation des résultats à déclarer permet d'apurer les éventuels déficits de l'un des déclarants et, par conséquent, d'en diminuer l'assiette. Quant aux biens générateurs desdits revenus, certains étant exonérés d'impôt de solidarité sur la fortune, la concertation des personnes imposables en commun s'impose[11].

S'agissant des revenus professionnels non salariés, les résultats bénéficiaires d'un époux ou de l'un des partenaires pacsés échappent à l'impôt sur le revenu lorsqu'ils compensent les déficits de l'autre, du moins si chacun a la qualité d'exploitant professionnel[12]. Le choix de la structure d'exercice de l'activité indépendante et de l'organisation de la direction doit être soigneusement examiné par le couple soumis à imposition commune car il détermine l'appartenance de certains biens à la catégorie « biens professionnels » exonérée d'impôt de solidarité sur la fortune[13].

S'agissant des traitements et salaires, les personnes unies par le mariage ou un PACS doivent également réfléchir à leur intérêt commun. L'enjeu porte sur le gain réel procuré par leurs deux traitements compte tenu des frais d'acquisition, garde des enfants, déplacements...

Après la détermination des revenus catégoriels dont on vient de souligner qu'elle pouvait se révéler avantageuse pour les couples imposables en commun, du moins s'ils pratiquent la concertation, il faut globaliser lesdits revenus. Cette globalisation, en ce qu'elle réalise une compensation générale témoigne aussi de l'interdépendance fiscale des époux ou pacsés. En cas de déficits catégoriels, l'assiette de l'impôt diminue. Sauf limitation ou exclusion légale, un résultat déficitaire subi dans l'exercice d'une profession indépendante s'impute sur les autres revenus.

Revenu global ne signifie pas revenu imposable. Ainsi, la prise en considération de certaines « dépenses privées », telles que les pensions alimentaires[14] réduit l'impôt exigible et profite aux deux personnes imposables en commun, quelle que soit celle qui supporte ces charges[15]. Enfin, le quotient familial et la progressivité, dans certains cas, favorisent les couples mariés ou pacsés.

S'agissant de l'impôt de solidarité sur la fortune, la déduction du passif doit déterminer le choix des modes de financement des investissements[16]. Les époux ou pacsés ont tout intérêt à décider ensemble des choix patrimoniaux.

Contrairement au droit civil qui facilite et organise l'indépendance professionnelle et patrimoniale des époux[17], le droit fiscal privilégie l'interdépendance. Toute velléité

11. CGI, art. 885 H al. 3, 885 P et suiv.
12. CGI, art. 156 I 1° et suiv.
13. CGI, art. 885 N. Le choix entre société de personnes ou de capitaux et le niveau de participation ainsi que l'identité des dirigeants sont déterminants : 885 O à *quinquies*.
14. CGI, art. 156 II 2°.
15. Autres exemples : Les frais d'accueil des personnes âgées de plus de 75 ans, CGI, art 156, II, 2° ter ; Certaines cotisations sociales, CGI art. 163 *quatervicies*, 156, II 4°, 10°, 11° ; Les frais de souscription au capital des Sofica, CGI art. 199 *unvicies* et 238 bis HE ou de Sofipêche, CGI art. 163 *duovicies* et 238 *bis* HO...
16. CGI, art. 885 D. Il est ainsi préférable de financer un bien non professionnel par l'emprunt. En effet, le solde restant dû diminuera l'assiette de l'impôt de solidarité sur la fortune alors que la dette professionnelle s'impute d'abord sur les biens professionnels exonérés d'impôt de solidarité sur la fortune.
17. Surtout depuis la loi du 23 décembre 1985 supprimant la prééminence maritale dans la gestion des biens communs.

de conduire personnellement ses affaires risque de rejaillir défavorablement sur l'impôt dû solidairement. Par la concertation, le couple dispose du pouvoir d'influencer sa contribution fiscale. Cela justifie amplement la solidarité fiscale familiale.

Cette responsabilité fiscale solidaire comporte un inconvénient majeur, celui de voir le fisc recouvrer la totalité de l'impôt commun auprès d'un seul des époux ou pacsés lorsque l'autre se dérobe ou a rompu le lien commun. Fort heureusement, en matière d'impôt sur le revenu, le législateur a prévu la décharge de responsabilité solidaire[18]. Elle trouve notamment à s'appliquer lorsque les personnes imposables en commun ne vivent plus ensemble.

B – Communauté d'intérêts du couple partageant le même toit

En fixant, essentiellement aux articles 212 et suivants du Code civil, les devoirs et droits respectifs des époux, le législateur pose le régime primaire impératif des personnes mariées. Comme ce dernier, mais à un degré bien moindre, l'article 515-4 du Code civil prévoit et organise le soutien mutuel entre les deux partenaires pacsés et la mutualisation des moyens. Manifestement, le Code civil conçoit le couple comme une communauté de vie sous le même toit. Par le partage du même toit, les époux ou pacsés économisent des dépenses de logement, d'équipement et de fournitures extérieures. Ces économies ménagères illustrent la solidarité inhérente à toute communauté d'intérêts. Elle trouve naturellement son prolongement dans la solidarité fiscale devant l'impôt sur le revenu, la taxe d'habitation et l'impôt de solidarité sur la fortune.

Avec l'imposition distincte des conjoints ou pacsés avant leur union ou après la séparation, le maintien de la condition de cohabitation apparaît inutile. La solidarité tenant à l'imposition commune des époux ou pacsés vivant ensemble, l'un ou l'autre ne risque pas, en principe d'être recherché pour l'impôt afférent à des revenus perçus en l'absence de cohabitation. Ce sera du moins le cas chaque fois que l'absence de vie commune entraîne imposition distincte. Il convient toutefois de nuancer ce propos en matière d'impôt de solidarité sur la fortune et de taxe d'habitation car la situation fiscale s'apprécie au 1er janvier. Les tempéraments ne relèvent alors que de la bienveillance de l'administration fiscale.

Après règlement de l'impôt, les époux ou pacsés devront se tourner vers le droit civil pour résoudre la question de la contribution à la dette fiscale.

II La contribution à la dette fiscale solidaire des époux ou pacsés

S'agissant des pacsés, la répartition entre eux de la dette fiscale acquittée ne dépend que de leur contrat. Néanmoins, en l'absence de stipulation, le juge doit résoudre ce problème. Les solutions adoptées à l'égard des époux ne sont pas vraiment transposables

18. CGI art. 1691-bis (anc. Art. 1685-2 al. 2.). F. DOUET et X. MONDÉSERT, « À propos de la solidarité fiscale des époux et partenaires : les demandes gracieuses en décharge de solidarité », *Actualité Juridique Famille*, 2004, p. 10 ; D. GRILLET-PONTON, *L'obligation solidaire des époux à la dette fiscale*..., préc., spéc. 15 et suiv. La loi de finances pour 2008, article 9 (codifié sous l'article 1691 bis), institue un droit à décharge de solidarité fiscale entre époux ou pacsés en cas de divorce ou de séparation.

car elles se fondent sur les règles spécifiques aux personnes mariées. La Cour de cassation, en ce qu'elle exclut les impôts de la catégorie des charges du mariage invite à se tourner vers le régime matrimonial pour répartir la charge fiscale entre les époux.

A – Exclusion de la dette fiscale des charges du mariage

Depuis le 22 février 1978, la 1re chambre civile de la Cour de Cassation décide que l'impôt sur le revenu constitue la charge directe des revenus personnels d'un époux, étrangère aux besoins de la vie familiale, et ne figure pas au nombre des charges du mariage auxquelles les deux époux doivent contribuer[19]. Faute d'une contribution volontaire, l'époux victime de la mauvaise volonté de son conjoint ne peut espérer, sur la base de l'article 214 du code civil, que le juge oblige le conjoint récalcitrant à contribuer à l'impôt sur le revenu.

La solution jurisprudentielle ne manque pas de fondements. En effet, les pouvoirs des époux sur leurs revenus et la répartition des patrimoines en présence confortent la position de la Cour de cassation.

1. Solution fondée sur les pouvoirs des époux

Schématiquement, l'impôt sur le revenu acquitté par les couples mariés porte sur les fruits pécuniaires provenant de leurs biens propres ou communs et de leur travail. L'origine de ces revenus imposables détermine leur gestion. Dans le cadre d'un régime matrimonial séparatiste, chaque époux dispose librement de ses revenus, peu importe qu'ils résultent du capital ou du travail. S'agissant des personnes soumises au régime de la communauté légale, trois situations se présentent. Envisageons d'abord la plus simple, celle relative aux revenus du capital commun. Leur gestion revient à chaque époux selon l'article 1421 du Code civil. Les revenus des biens propres ou du labeur, deuxième et troisième cas, entrent en communauté[20], mais demeurent à la disposition de celui qui en est à l'origine[21].

Cette présentation sommaire ne vise qu'à souligner le droit de disposition des époux sur les revenus imposables. Leur existence ne dépend que de la volonté de chacun voire du couple[22]. La volonté de faire fructifier un capital rapporte des revenus de capitaux mobiliers, des revenus fonciers, des plus-values ou des rentes. De celle de travailler naissent des revenus professionnels non salariés, des traitements et salaires ou des pensions. L'époux responsable du fait générateur de l'impôt consomme à sa guise les fruits de son capital ou de son travail. Sauf limitation ou retrait de pouvoirs[23]

19. Civ., 22 févr. 1978 : *D.* 1978. 602, note D. Martin ; Defrénois 1979, 1667, obs. Champenois ; 19 mars 2002 : *Bull. civ.* I, nº 99 ; *D.* 2002. Somm. 2440, obs. Brémond ; *JCP* 2002. I. 167, nº 15, obs. Storck ; *Gaz. Pal.* 8-9 janv. 2003, concl. Sainte-Rose ; *RTD civ.* 2003. 137, obs. Vareille ; - 25 juin 2002 : *Bull. civ.* I, nº 173 ; *Dd fam.* 2002, nº 149, note B. B. Adde, R. Savatier, *D.* 1979. Chron. 147. s
20. C. civ, art. 1401 et 1403.
21. C. civ, art. 223 et 1428.
22. Voir *Supra* le rôle des époux et l'importance du revenu global.
23. C. civ, art. 219, 220-1, 1426 et 1429.

et sous réserve de contribuer aux charges du mariage, chacun dispose, sur les revenus nés en sa personne, d'une totale liberté d'affectation.

Les revenus étant d'abord personnels, avant, éventuellement d'entrer en communauté, l'impôt y afférent en constitue une charge directe. L'affectation patrimoniale des revenus des époux va apparemment dans le même sens.

2. *Solution fondée sur la répartition des patrimoines des époux*

Si le passif se répartit comme l'actif, l'impôt sur le revenu doit peser sur le patrimoine bénéficiaire des revenus imposés. À l'égard des époux séparés de biens, cette solution aboutit au même résultat que celle de la cour de cassation, revenus personnels et revenus propres ne se distinguant pas.

Quant aux époux mariés sous un régime communautaire, la vocation communautaire des revenus des époux oblige à clarifier. Certes, l'impôt sur le revenu concerne les revenus personnels, mais ces derniers ayant vocation communautaire, ils entrent en communauté soit nets d'impôt sur le revenu soit bruts.

Lorsque la Cour de cassation affirme que l'impôt sur le revenu est une charge directe des revenus personnels, il s'agit d'exclure des charges du mariage une dépense sans lien avec la vie familiale régie par le régime primaire impératif. Cela ne signifie pas pour autant que chaque époux doit faire son affaire de l'impôt sur le revenu. L'impôt sur le revenu est une charge directe des revenus de chacun sans qu'il soit besoin de distinguer selon qu'ils ont été dépensés ou économisés pour devenir communs.

Plus généralement, la communauté doit supporter définitivement les frais d'acquisition des revenus en raison de leur vocation communautaire. Il apparaît alors logique que l'impôt sur le revenu lié aux revenus personnels pèse sur le patrimoine commun.

Toutefois, affirmer que l'impôt sur le revenu est une charge directe des revenus personnels à vocation communautaire méconnaît les pouvoirs des époux sur leurs revenus. Ces pouvoirs rendent parfois hypothétique la transformation de revenus en acquêts. Une telle position conduit à faire peser sur la communauté une dette directement liée à des revenus dont elle bénéficie rarement en totalité.

Il reste à vérifier si le régime matrimonial permet ou non de faire peser réellement l'impôt sur le revenu sur l'époux qui en est à l'origine.

B – Application du régime matrimonial à la dette fiscale

Distinguons entre le régime communautaire et le régime séparatiste.

1. *Régime communautaire*

Selon la première chambre civile de la Cour de cassation, l'impôt sur le revenu des personnes physiques auquel sont assujettis les époux communs en biens pour les revenus qu'ils perçoivent pendant la durée de la communauté constitue une dette définitive de celle-ci et son paiement n'ouvre pas droit à récompense. Un redressement fiscal, dans la mesure où il ne comporte pas de pénalité a la même nature que l'impôt lui-même[24].

Cela signifie que si un époux a supporté, sur les revenus de ses biens propres ou de son travail, la charge de l'impôt sur le revenu afférente aux revenus de l'autre, il ne peut obtenir la contribution de ce dernier. La vocation communautaire des revenus personnels couvre les revenus bruts et non les revenus libérés de l'impôt sur le revenu.

Plus généralement, tous les impôts liés à des revenus des époux mariés en communauté pèsent définitivement sur la communauté. Ainsi, la taxe professionnelle à laquelle est assujetti un époux commun en biens en raison de son activité professionnelle non salariée pendant la durée de la communauté constitue une dette définitive de celle-ci[25]. La même solution prévaut à l'égard des impôts liés aux biens. Selon la 1re chambre civile de la Cour de cassation, l'impôt foncier et les assurances pour un immeuble commun constituent une charge de la propriété et font partie du passif commun[26]. De la solution adoptée en matière d'impôt foncier, il faut déduire que seuls les impôts réels liés aux biens propres pèsent définitivement sur l'époux propriétaire.

S'agissant de l'impôt de solidarité sur la fortune, impôt personnel par ses modalités de calcul, le fait générateur étant la détention d'une fortune, le patrimoine source devrait supporter l'impôt de solidarité sur la fortune.

La solution apparaît plus simple en cas de régime séparatiste. À chacun ses impôts comme à chacun son patrimoine et ses revenus.

2. *Régime séparatiste*

Le 19 mars 2002, la 1re chambre civile de la Cour de cassation a décidé que l'impôt sur le revenu constituant une charge découlant directement des revenus personnels à chaque époux, il ne figure pas au nombre des charges du mariage[27]. La séparation de biens laisse alors à la charge de chacun des époux l'impôt sur le revenu afférent à ses revenus. La répartition définitive devrait s'effectuer par l'application d'une règle de trois : (impôt sur le revenu du foyer fiscal : revenu imposable) x revenu imposable de chacun.

Cette même règle de trois pourrait utilement servir de modèle pour répartir l'impôt de solidarité sur la fortune, quel que soit le régime matrimonial. Elle serait également utilisable pour répartir les impôts entre les pacsés.

Si les règles civiles permettant de répartir la charge fiscale solidaire de la famille existent, il faut néanmoins ne pas en nier les difficultés de mise en œuvre, particulièrement en cas de régime matrimonial communautaire.

---

24. Civ. 1re, 19 févr. 1991 : *Bull. civ.* I, n° 64; *Defrénois* 1991. 1130, obs. Champenois; 17 sept. 2003 : *Bull. civ.* I, n° 176; *D.* 2003, IR, 2409; *AJ fam.* 2003. 429, obs. S. D-B.; *RTDciv.* 2004, 134, obs. Vareille.
25. Civ. 1re 3 déc. 2002 : *Bull. civ.* n° 291; D. 2003, somm. 1864, obs. Revel; *JCP* 2003. I. 158, n° 10, obs. Simler et n° 14, obs. Tisserand; *Defrénois* 2003, 1000, obs. Champenois; *AJ fam.* 72, obs. S. D-B.; *RJPF* 2003-4/31, obs. Vauvillé; *RTD civ.* 2004. 134, obs. Vareille.
26. Civ. 1r 8 févr. 1978 : *D.* 1978. 602 (2e esp.), note D. Martin.
27. Civ. 1re, 19 mars 2002 : *D* 2002, IR, 1241; *Gaz. Pal.* 2003, 408, concl. Sainte-Rose; *AJ fam.* 2002, 185, obs. S. D-B.

René Savatier a fort justement remarqué le silence du Code civil sur l'impôt dû par les époux mariés sous un régime communautaire. En 1979, il écrivait « [...] on s'étonne de ne pas voir intervenir le code civil. Car c'est à lui qu'il aurait dû appartenir de déterminer à la charge de qui devront peser les obligations fiscales, et de dire si elles doivent donner lieu à récompense[28]... »

La Cour de cassation lui a tardivement répondu par l'exclusion de toute récompense. En sorte que l'époux qui supporte plus que l'autre sur les revenus de son travail ou de ses biens propres pour payer l'impôt sur le revenu, l'impôt de solidarité sur la fortune ou la taxe d'habitation ne peut compter que sur la bonne volonté de son conjoint ou la mise en œuvre de procédures spécifiques destinées à pallier la légèreté ou l'inconduite de l'autre. Citons le retrait des pouvoirs de gestion des biens communs, voire des biens propres ou la demande de séparation de biens. Après le devoir fiscal, il faut parfois songer au parcours judiciaire. À ce stade, il devrait être possible d'obtenir une décharge de solidarité et il devient urgent de faire constater par le juge civil la dislocation du couple.

Ce triste constat ne serait pas si la Cour de cassation assimilait tous les impôts liés au mariage à des charges du mariage. Sans le mariage, pas de solidarité fiscale des époux ni de problème de contribution. Il suffit de voir cette évidence pour en tirer la conséquence. Si les dépenses d'agrément peuvent être des charges du mariage[29], pourquoi pas l'impôt ?

28. R. SAVATIER, « Le régime matrimonial et la contribution respective des époux aux impôts », *D.* 1979, Chron., p. 147.
29. Cass. civ. 1re, 20 mai 1981 : *Bull. civ.* I, n° 176.

La famille et les droits de mutation à titre gratuit

Nicolas MATHEY
Professeur de droit privé – Université d'Auvergne-Clermont 1

1. **La légitimité de l'héritage.** L'héritage n'existe pas dans l'intérêt de l'héritier, « c'est en principe l'intérêt général que l'on invoque – celui de la famille ou celui de l'économie[1] ». Cette transmission de patrimoine se justifie notamment par l'idée d'une communauté des biens avant le décès[2]. Nous ne sommes jamais absolument propriétaires de nos biens. Nous en sommes toujours redevables envers les générations futures et en particulier, pour les biens susceptibles d'appropriation privée, envers nos enfants.

La propriété a une double nature sociale et individuelle. La doctrine sociale de l'Église l'affirme avec vigueur, aussi bien contre le communisme que contre le capitalisme. Elle reconnaît, sans doute, la compétence des institutions humaines pour délimiter les propriétés. Cependant cette compétence n'est pas discrétionnaire, « [t]oujours, en effet, doivent rester intacts le droit naturel de propriété et celui de léguer ses biens par voie d'hérédité ; ce sont là des droits que cette autorité ne peut abolir, car l'homme est antérieur à l'état[3]. »

2. **La légitimité de l'impôt sur les successions.** La légitimité de l'impôt sur les successions a également été objet de controverse. Il est à peine nécessaire de rappeler les termes du débat. Pro : l'impôt sur les successions provoque la circulation des richesses ; il réduit les inégalités. Contra : l'impôt sur les successions serait confiscatoire ; il présente des inconvénients psychologiques, sociaux et familiaux[4].

Il faut reconnaître que l'impôt sur les successions n'obéit plus guère à des considérations purement fiscales. Son rendement est moyen, si ce n'est médiocre. Son

---

1. M. GRIMALDI, *Droit civil. Successions*, 6e éd., Litec 2001, n° 34. Cependant, les droits de l'homme pourraient remettre en cause cette vision. Le droit à l'héritage peut en effet apparaître comme une forme du droit de propriété, du moins d'un droit à l'accès à la propriété (art. 1er du 1er protocole additionnel à la Convention européenne des droits de l'homme). Voir l'affaire Mazurek sur les droits successoraux de l'enfant adultérin : Cour EDH, 1er février 2000, JCP 2000, II, 10286, note A. Gouttenoire-Cornut et F. Sudre ; RTDCiv. 2000.311, obs. P. Hauser.
2. Voir TREILHARD, *discours au Corps législatif*, Fenet, t. XII, p. 136 et suiv. ; voir également M. XIFARAS, *La propriété. Étude de philosophie du droit*, PUF, 2004, p. 277.
3. PIE XI, *Quadragesimo anno*, Pierre Téqui éd., p. 93.
4. M. GRIMALDI, *op. cit.*, n° 239.

fondement est, en définitive, principalement politique. L'impôt sur les successions est un moyen de limiter la propriété. La propriété tombe lorsqu'elle n'est pas objet de possession, qu'elle dépasse trop la personne : l'avoir écrase l'être. La République est une république de petit propriétaire, fondée sur le travail. La doctrine sociale de l'Église n'est pas loin de partager cette vue[5]. Il ne faut pas par exemple qu'une personne soit dispensée de travailler en raison d'un héritage[6]. C'est ce qu'avait compris le riche laboureur de la fable de Lafontaine[7].

Reste à tresser les liens entre la mutation et les droits qui pèsent sur elle. Chacun reconnaît, en la matière une correspondance entre la législation fiscale et la législation civile[8]. Il reste à savoir si l'image de la famille portée par le droit fiscal correspond à l'image civile, et commune, de la famille. La famille au sens classique du terme reste une référence, mais dans quelle mesure ?

Le droit fiscal est, par ailleurs, porteur de valeurs et de principes. Ainsi que l'affirmait Albert Wahl, le droit fiscal « est une matière aussi scientifique que tout autre ; non pas une réunion empirique de tarifs arbitraires. Il existe dans le droit fiscal des principes[9]. » La famille fait-elle partie des valeurs du droit fiscal ? Le droit fiscal protège-t-il la famille lorsqu'il impose les mutations à titre gratuit ?

Le sujet est complexe par la variété des questions et des enjeux. Le droit des successions et des libéralités, met en cause, face à face, droit de propriété et devoir de famille. Si le droit fiscal s'en mêle, l'intérêt général n'est pas loin. Finalités fiscale, familiale et autres sont prises en considération par les différents dispositifs.

Les droits de mutation à titre gratuit sont de deux ordres, droits de succession et droits de donation. L'âge moyen de l'héritier est de plus en plus avancé, corrélativement à l'allongement de la durée de la vie. Il était en 2001 de 52 ans pour l'ensemble des héritiers et de 48 ans pour l'enfant héritier. Sans être très âgé, l'héritier est donc le plus souvent une personne adulte. Cela explique que l'on incite le *de cujus* à disposer de ses biens de son vivant, à anticiper sa succession.

D'un point de vue pratique, comme d'un point de vue théorique, les successions et les libéralités, si elles sont liées, présentent des spécificités qu'il ne faut pas négliger. Les droits de succession *ab intestat* présentent, notamment, un intérêt particulier dans la mesure où ils décrivent une forme de normalité. Ils décrivent, à côté du droit

5. Voir également E. MOUNIER, « De la propriété capitaliste à la propriété humaine », dans *Refaire la Renaissance*, préf. G. Coq, éd. du Seuil, p. 404 et suiv., à propos du superflu : « Ce superflu n'étant plus attaché à son détenteur par les nécessités personnelles, retombe de soi dans la destination commune des biens, et doit être distribué, par celui qui le détient à la communauté » (p. 412).

6. Voir E. MOUNIER, *op. cit.*, p. 435.

7. Le père était déjà riche mais il a trouvé un moyen de faire travailler ses enfants qui auraient pu être tentés par la fainéantise. Aujourd'hui, l'impôt sur les successions s'en charge. Voir également le doyen CARBONNIER : « La manière la plus séduisante d'accomplir le socialisme serait ainsi d'avoir beaucoup d'enfants, comme la forme la plus charmante de l'antimilitarisme était jadis d'avoir beaucoup de filles. Le moyen est, cependant, si lent, si aléatoire, que notre époque impatiente ne s'en contente plus. Et puis, nous sommes devenus scientifiques. Une vérité, à nos yeux, ne peut s'exprimer par simples tendances : il lui faut une forme mathématique, des barèmes, des tarifs, des tableaux », « Les dimensions personnelles et familiales de la propriété », dans *Flexible droit*, 9e éd., LGDJ 1998, p. 327 et suiv. spécialement p. 335.

8. M. GRIMALDI, *op. cit.*, nº 244.

9. A. WAHL, *Traité de droit fiscal*, t. I, 1902, p. V.

civil, ce qu'est la famille. Les droits de donation portent sur des actes volontaires, ce qui est donc très différent de la succession *ab intestat*, même si le droit civil prétend se fonder sur l'affection présumée du *de cujus* pour déterminer les droits de chacun dans une succession *ab intestat*. Le droit fiscal peut alors avoir pour fonction d'orienter l'exercice de cette volonté selon des impératifs familiaux ou non.

Au-delà de son caractère simple et didactique, la distinction des droits de succession (I) et des droits de donation (II) paraît être la meilleure.

I Les droits de succession

Les droits de succession donnent une image de la famille. Ils permettent de faire apparaître la dimension de la famille dans ses deux dimensions : le ménage ; le lignage…

A – Le ménage

3. **Les droits successoraux du conjoint survivant.** Le ménage et les droits de succession ne se rencontrent jamais tout à fait. Le ménage n'existe plus sous sa forme visible et terrestre lorsque la succession s'ouvre. Il n'est pas nécessaire de rappeler la longue marche du conjoint survivant. Statistiquement, le conjoint survivant reste la femme. D'étrangère à la famille de son mari, elle est devenue un héritier privilégié. Il n'est pas davantage nécessaire de rappeler la vocation successorale du conjoint survivant[10]. En l'absence d'enfant ou de descendant du *de cujus*, le conjoint survivant recueille la totalité de la succession en pleine propriété. À l'opposé, en présence d'enfants communs ou de descendants, le conjoint survivant recueillant selon son choix : soit l'usufruit de la totalité des biens existants, soit la pleine propriété du quart des biens. En outre, le conjoint survivant se voit reconnaître un droit temporaire au logement, d'une durée d'un an ainsi qu'un droit viager sur ce même logement.

Le droit temporaire au logement est réputé un effet direct du mariage, et non pas un droit successoral[11]. Ce droit n'est donc pas soumis aux droits de mutation à titre gratuit. Corrélativement, il n'est pas déductible de l'actif successoral[12]. En revanche, le droit viager au logement est un droit successoral soumis aux droits de mutation à titre gratuit. La valeur de ce droit est de 60 % de la valeur de l'usufruit déterminé selon le barème de l'article 669 du code général des impôts. Si la valeur du droit viager est supérieure à celle de ses droits successoraux, le conjoint survivant n'est pas tenu de récompenser la succession.

En outre, le conjoint survivant bénéficie d'un abattement de 76 000 € (article 779 CGI). Le sénateur Marini avait proposé de porter cet abattement à 100 000 €. Même

10. Articles 756 et suiv du Code civil.
11. L'art. 515-6, al. 3 nouveau, issu de la loi du 23 juin 2006, reconnaît un droit temporaire au partenaire pacsé survivant.
12. En revanche, le droit temporaire du partenaire pacsé n'est pas déductible : F. Douet, *Premières observations sur les aspects fiscaux de la loi du 23 juin 2006 portant réforme des successions, des libéralités et du Pacs* : Dr. famille 2006, Études 50, n° 26.

fixé à 76 000 €, l'abattement du conjoint survivant reste l'abattement le plus important en matière de droit de succession. Il marque ainsi, du point de vue fiscal, la position privilégiée, si l'on ose dire, du conjoint survivant.

Ces deux exemples illustrent bien le mouvement de promotion de la famille étroite fondée sur les liens affectifs vécus. Ce mouvement n'est cependant pas incontestable. Il s'agit sans doute d'une forme sympathique de sentimentalisme juridique. Mais est-ce bien le sens de l'histoire ? Cette consécration n'est-elle pas à contre-courant ? En particulier, la durée de vie du mariage paraît bien réduite. De plus, le conjoint survivant n'est pas nécessairement l'auteur des enfants du *de cujus*.

4. **Le paiement différé des droits.** En l'état actuel de la législation, le paiement différé des droits est possible, notamment, en cas de mutation par décès comportant des droits en nue propriété ou donnant lieu à l'attribution préférentielle d'une exploitation agricole, sous certaines réserves[13]. L'opportunité de la mesure n'est pas évidente. Pourquoi faire porter sur les enfants la charge de ces droits, alors même qu'ils devront eux-mêmes acquitter leurs propres droits lors du décès du second de leur parent ? En outre, rien ne garantit qu'ils ne reçoivent les biens transmis au conjoint survivant !

Si le conjoint survivant a connu une promotion remarquable depuis plus d'un siècle, il reste tout de même des droits aux enfants, représentants par excellence du lignage.

B – Le lignage

Selon la formule de Treilhard, il n'est pas dans la nature des choses que le père ferme les yeux de son fils. Par conséquent, pour traiter du lignage, il est dans l'ordre des choses de raisonner sur le cas de la transmission aux enfants.

5. **La progressivité de l'impôt sur les successions.** L'une des fonctions, si ce n'est la fonction principale, des droits de successions, est de répartir les richesses et de limiter la richesse. L'instrument de cette politique de répartition et de limitation de la richesse, c'est le barème. Selon le doyen Carbonnier, « [l]'impôt progressif sur les mutations par décès est l'instrument de limitation de la propriété qui répond le mieux à l'esprit moderne. Sa souplesse lui vient de ce qu'il saisit pécuniairement l'expression pécuniaire du patrimoine : par la monnaie... l'impôt successoral se borne à redistribuer le capital en une poussière de revenus[14]. »

Il n'est pas nécessaire de rappeler les tranches et les taux du barème fixé à l'article 777 du Code général des impôts[15]. À partir de ce barème, quelques observa-

---

13. Voir l'article 397 de l'annexe III au code général des impôts. Un décret 2005-464 du 6 mai 2005 (JO du 14 mai 2005 p. 8355) a étendu les possibilités de paiement différé des droits. Lorsque l'actif héréditaire comprend à concurrence de 50 % au moins des biens non liquides.
14. Article précité, p. 335 et suiv.
15. Sur l'assiette, il faut signaler, pour mémoire que le nouvel art. 788 bis du Code général des impôts prévoit que les biens recueillis par un héritier ou légataire en application des dispositions du Code civil permettant la limitation de l'obligation de l'héritier, ou du légataire, sont réputés transmis à titre gratuit par le défunt afin de tenir compte de la possibilité nouvelle d'obtenir le cantonnement de l'obligation aux dettes.

tions suffiront. Le caractère progressif de l'impôt sur les successions apparaît assez modéré. La taille de la tranche des 20 %, entre 15 000 € et 520 000 € soit 505 000 € est impressionnante. Or il faut savoir que la progressivité était considérée comme un facteur de justice dans l'impôt. L'idée est la suivante : le sacrifice fiscal est jugé d'autant moins grand que le patrimoine transmis est important. L'idée a été contestée[16] mais ne paraît plus l'être sérieusement aujourd'hui. Cependant si l'idée d'un impôt progressif est juste, il conviendrait d'instaurer une véritable progressivité, ce qui n'est pas le cas actuellement.

Par ailleurs, les taux sont très élevés. Il faut se souvenir qu'au début du siècle précédent des taux de 25 à 40 % étaient déjà considérés comme confiscatoires[17]. La principale difficulté, si l'on souhaite éviter l'instauration d'un impôt confiscatoire, tient à la possibilité de reconstituer le capital au cours d'une vie humaine. Lorsque l'impôt atteint un taux si élevé que les héritiers ne peuvent espérer reconstituer le capital transmis avant leur propre décès, il faut bien admettre que l'État peut ainsi s'approprier une partie de la richesse privée. Ainsi que le remarquait un auteur du début du XXe siècle, « il y a un appauvrissement continu et progressif de la richesse privée[18] ». L'augmentation de l'espérance de vie rend, toutefois, plus tolérable l'existence de taux élevés. En effet, vivant plus vieux, l'héritier dispose de plus de temps devant lui pour reconstituer le patrimoine de son auteur. Il faudrait peut-être sur ce point avoir une véritable analyse économique de l'impôt afin d'en apprécier sa portée sur la richesse privée.

6. **Une image fiscale de la famille ?** Quelle image donne de la famille les droits de succession[19] ? Tout d'abord, il semble que pour le droit fiscal, la famille est étroite et centrée autour du logement : c'est « la famille appartement[20] ». Une disposition récente illustre et confirme cette idée. La résidence principale bénéficie d'une réduction de 20 % de sa valeur, sous certaines conditions (art. 764 bis CGI) : i. l'immeuble doit être la résidence principale du *de cujus* ; ii. l'immeuble doit également être occupé par le conjoint (ou partenaire *pacsé*) ou par un enfant du *de cujus* ou de son conjoint ou partenaire, incapable de travailler dans des conditions normales de rentabilité, en raison d'une incapacité.

Cette disposition présente un double intérêt pratique. D'une part, elle compense en partie, mais en partie seulement, la plus-value immobilière due à l'augmentation des prix de l'immobilier ces dernières années. Cet abattement permet, d'autre part, de compenser la non déductibilité du droit temporaire du conjoint survivant. D'un point de vue théorique, elle constitue une illustration de l'idée selon laquelle l'héritier bénéficie d'une forme de propriété sur les biens du *de cujus*[21]. Surtout, elle fait

16. Voir L. FILHOL, *La famille et les impôts sur les successions*, thèse Aix-Marseille 1930, p. 53.
17. Les droits allaient de 2,5 % à 12,5 % en ligne directe au premier degré jusqu'à 47 % dans la tranche la plus haute entre non parents, L. FILHOL, thèse précité, p. 71.
18. L. FILHOL, thèse précitée, p. 2 et suiv.
19. V. D. PONTON-GRILLET, *La famille et le droit fiscal* : D. 1987, Chron. p. 125.
20. M. GOBERT, *Le mariage après les réformes récentes du droit de la famille*, JCP 1967, I, 2122.
21. Cependant il faut remarquer que l'abattement n'est pas subordonné à la transmission de l'immeuble à la personne qui l'occupe avec le *de cujus*, par exemple l'enfant qui reçoit l'immeuble occupé par le conjoint survivant.

apparaître clairement que le logement personnel est avant tout un logement familial. Ce n'est pas une tanière individualiste, mais un foyer vivant et communautaire.

7. **Les abattements.** Que nous apprennent les abattements ? Depuis le 1er janvier 2005, l'abattement sur les successions et les donations est porté à 50 000 € par enfant, contre 46 000 € auparavant (article 779 CGI). Surtout, s'ajoute désormais à l'abattement sur la part de chaque héritier, y compris le conjoint survivant, un abattement global de 50 000 € (article 775 ter CGI). Cet abattement global est une nouveauté. Cependant, ce nouvel abattement désavantage, relativement, les familles nombreuses. En effet, il ne dépend pas du nombre d'enfant et son effet diminue donc nécessairement avec le nombre d'enfant. L'abattement est réparti entre les héritiers proportionnellement à leurs droits légaux dans la succession (article 788-I CGI). Par conséquent, si un héritier n'utilise pas la totalité de sa fraction d'abattement, le surplus profite aux autres. Cet abattement confirme la conception étroite de la famille adoptée par le législateur fiscal. Son caractère collectif fait apparaître le noyau dur de la famille : les enfants et le conjoint. La famille est étroite également parce qu'elle ne comprend guère qu'un ou deux enfants.

8. **Les collatéraux.** Quant aux frères et sœurs, ils bénéficient d'un abattement spécial, de 57 000 € depuis le 1er janvier 2005, soumis à conditions (article 788-II CGI). Tout d'abord, le bénéficiaire doit être célibataire, veuf ou divorcé ou séparé de corps[22]. Ensuite, il doit être âgé de plus de 50 ans ou atteint d'une infirmité le mettant dans l'impossibilité de subvenir par son travail aux nécessités de l'existence. Enfin, le bénéficiaire doit avoir été constamment domicilié avec le *de cujus* pendant les cinq années précédant le décès. Cet abattement ne joue, cependant, qu'en cas de succession et non en cas de donation. Il faut donc reconnaître qu'il ne jouera pas bien souvent.

Il a une double signification : il ne joue qu'en l'absence d'enfant du *de cujus*. Autrement dit, la solidarité collatérale, aussi bien du point de vue fiscal que civil, est subsidiaire par rapport au devoir à l'égard des enfants. En outre, cet abattement mérite d'être comparé avec l'abattement prévu pour les personnes handicapées, avec lequel il peut d'ailleurs se cumuler (article 779-II CGI). L'héritage devient plus facile à admettre quand le bénéficiaire ne peut subvenir à ses besoins par le travail. S'il ne faut pas que l'héritage produise des rentiers, il n'en est pas tout à fait de même lorsque le bénéficiaire ne peut pas travailler.

La loi de finances pour 2006 a créé un abattement de 5 000 € qui s'applique beaucoup plus largement et sans condition (article 779, IV CGI). Ce nouvel abattement s'applique à l'ensemble des mutations à titre gratuit, successions et donations, entre frères et sœurs à l'exception des successions ouvrant droit à l'abattement de 57 000 €[23].

Quant au taux applicable en cas de transmission à un frère ou une sœur, il est de 35 % jusqu'à 23 000 € et 45 % au-delà. Il faut reconnaître que c'est beaucoup. Tel est le sort des collatéraux dits privilégiés, membres du deuxième ordre d'héritier.

---

22. Pourquoi visé la séparation de corps alors que le devoir alimentaire subsiste ? Sans doute est-ce pour ne pas inciter au divorce.
23. Cette disposition s'applique également aux donations consenties en faveur des neveux et nièces.

Quant aux autres collatéraux, leur sort est nettement moins enviable. Entre parents jusqu'au 4e degré, le taux est de 55 %. Il s'agit donc d'un droit proportionnel et non progressif. Au-delà du 4e degré, le taux passe à 60 %. Autrement dit, les collatéraux au-delà du 4e degré sont traités comme des étrangers. Cela donne définitivement une image assez étroite de la famille.

9. **Petites remarques.** Mais, finalement, il y a une certaine logique à cela. Certes, chacun a une certaine affection pour ses cousins issus de germain, mais personne ne s'attend vraiment à en hériter. Le droit, civil et surtout fiscal, rejoint ici le sens commun. En poussant d'avantage l'analyse, il est bien normal que l'héritage perde de sa vigueur en dehors du lignage. Le devoir de famille s'exprime, par essence, au sein de la famille lignage. Celui qui n'a pas d'enfant et n'a plus de parent n'a pas vraiment d'héritier. On peut d'ailleurs relever que lorsqu'il est âgé, ce *de cujus* a pu profiter d'une retraite. Or, sa retraite est payée par les enfants des autres. Certes l'absence d'enfant est parfois un drame, mais c'est aussi parfois un choix dans notre société. Est-il choquant que celui qui a perçu une fraction du fruit du travail des enfants des autres, sans supporter les charges de l'éducation, n'en reverse une partie à la société à travers cette mutuelle universelle qu'est l'État ?

De manière générale, on remarque que la progressivité décline au fur et à mesure que l'on s'éloigne de la famille étroite. Sept tranches sont prévues pour les descendants et le conjoint alors que deux tranches suffisent pour les frères et sœurs, et une seule pour les autres collatéraux et les étrangers à la famille.

Faut-il aller plus loin ? Il est vrai que de nombreux pays ont une fiscalité plus douce que la nôtre. L'Italie a, par exemple, supprimé tous les droits de succession, en 2001. De même, le Canada ne connaît qu'une seule imposition portant sur les plus values. À défaut de supprimer les droits de mutation, il resterait possible d'envisager une baisse réelle. Ce qui est souhaitable en matière de droits de succession n'est peut-être pas nécessaire en matière de droits de donation.

II Les droits de donation

Les libéralités sont liées étroitement à la succession. Cependant, elles constituent une institution à part, dont la finalité est moins nette encore qu'en matière de succession. Quelques particularités méritent d'être relevées. Les donations peuvent bénéficier à d'autres personnes que des héritiers directs, ce qui implique des aménagements pour tenir compte de la diversité des donataires. Si les successions sont essentiellement à finalité familiale, les donations sont non seulement à finalité familiale (A) mais aussi culturelle, économique, voire antifamiliale (B).

A – Les donations familiales

L'assiette des droits de donations est quasiment identique à celle des droits de succession, sous réserve de quelques différences[24]. Le barème est également identi-

24. Chacun pense, en particulier, à cette toujours contestable non déductibilité des dettes.

que. Certains abattements se retrouvent évidemment. Dans le cadre familial, il faut parler de deux phénomènes spécifiques et récents. D'une part, le droit fiscal incite à utiliser des mécanismes du droit des libéralités dans un but original. D'autre part, afin de tenir compte de l'allongement de la vie des contribuables, le barème de l'usufruit a été actualisé.

La loi de finances pour 2006 réduit à six ans le délai dit du rappel fiscal. Ce délai est passé de dix à six ans (article 784 CGI). Le but affiché de cette modification est de maintenir les incitations en faveur des transmissions anticipées de patrimoines.

10. **Les *Sarkozettes*.** Les mesures favorables aux donations aux enfants, voire aux petits enfants sont connues. Il s'agit d'abord de l'abattement profitant aux enfants. Depuis le 1er janvier 2005, cet abattement sur les donations est passé à 50 000 € par enfant, contre 46 000 € auparavant, comme en matière de succession. Il s'agit également de l'abattement en faveur des petits enfants qui est de 30 000 € depuis le 1er janvier 2003 (article 790 B CGI). Cet abattement peut se cumuler avec d'autres abattements ou réductions.

En outre, les droits font l'objet d'une réduction d'un taux variable en fonction de l'âge du donateur et de la nature de la donation (usufruit, nue propriété ou pleine propriété[25]). Jusqu'au 31 décembre 2005, les droits de donation ont été réduits de 50 %, si la donation était réalisée en pleine propriété, et ce quels que soit l'âge du donateur et la nature du bien donné.

Le phénomène le plus marquant de ces derniers mois est l'institution de mesure à la finalité originale, mesures appelées *Sarkozettes* lors de leur création. Elles ont eu un effet certain, puisque l'on a pu constater plus de 320 000 donations pour environ 5 400 000 000 €. Ces mesures s'ajoutent aux autres abattements. La *Sarkozette* par excellence, c'est la donation en numéraire exonérée. L'avantage consiste en une exonération de droit de mutation à titre gratuit pour les donations de sommes d'argent en faveur des enfants, petits enfants, et arrières petits enfants. L'exonération est totale dans la limite de 30 000 €. Trois conditions doivent cependant être réunies :

– La donation doit être faite à un enfant, petit enfant ou arrière petit enfant âgé de plus de 18 ans ;

– La donation doit porter sur une somme d'argent ;

– La donation doit être réalisée avant le 31 mai 2005, date reportée au 31 décembre 2005.

Il convient de s'arrêter ici un instant pour formuler quelques observations, d'une part, quant à la finalité de ces mesures et, d'autre part, quant à leur articulation avec les règles du droit civil.

11. **Finalité.** Avant tout, la finalité de la mesure mérite d'être relevée. La faible croissance actuelle n'est maintenue que parce que les ménages consomment. Aussi pour renforcer la consommation, le gouvernement incite-t-il les plus âgés à se défaire d'une partie de leur patrimoine pour permettre aux jeunes générations, dont les besoins sont présumés plus importants, de consommer. C'est une finalité

---

25. Les limites d'âge ont été repoussées par la loi de finances pour 2006 : article 790 I et II CGI.

originale, nouvelle, en matière de droit de mutation à titre gratuit. Il ne s'agit plus de transmettre un patrimoine, un ensemble de bien venu des ancêtres et à transmettre aux descendants. C'est une donation-consommation.

12. **Le droit civil oublié.** Si ces mesures sont favorables à la consommation des jeunes ménages, il faut constater un double oubli de la part du législateur. D'une part, les règles du rapport civil ont été négligées. D'autre part, les règles de la réduction n'ont pas davantage été prises en compte. Autrement dit, le législateur fiscal a oublié le droit civil. Prenons un exemple : soit un don de même montant fait à deux frères ; l'un finance l'acquisition de divers biens de consommation non durables, tandis que l'autre réalise une acquisition immobilière. Les règles d'évaluation en matière de rapport conduiront à des résultats très différents ! L'investisseur sera pénalisé par rapport au consommateur. Sans doute, était-ce le but de la mesure, mais il est permis de regretter tout de même qu'un grand nombre de ces donations ait été réalisé sans recourir aux conseils d'un notaire, pour éclairer les parties sur les conséquences civiles de l'opération.

13. **Le recours au démembrement de propriété.** L'actualisation du barème de l'usufruit est un événement marquant de ces derniers mois. La valeur fiscale de l'usufruit se rapproche désormais de sa valeur économique. Le législateur a pris en compte, de cette façon, l'augmentation de l'espérance de vie. *A priori*, cette réforme pourrait inciter à faire davantage de donations en nue-propriété. Cependant, une compensation liée à la réduction des droits conduit à nuancer le propos. En effet, pour compenser l'avantage résultant de l'actualisation du barème de l'usufruit, l'article 790 CGI prévoit une réduction de droits de 50 % (ou 30 %) pour les donations en pleine propriété mais de limiter la réduction à 35 % (voire 10 %) pour les donations en nue-propriété.

Ce « tour de passe passe[26] » laisse cependant dubitatif. En effet, si l'on examine le gain fiscal en cas de libéralité en nue-propriété par rapport à une libéralité en pleine propriété, on constate une chose : le gain est le même à 39 ans et à 79 ans : alors pourquoi donner à 39 ans ? En outre, faut-il bien inciter les aînés à donner en nue-propriété ? La libéralité en nue-propriété, c'est-à-dire avec réserve d'usufruit, présente certains avantages. Elle permet de transmettre sans se dépouiller, notamment des revenus, le tout avec une économie d'impôt non négligeable. Cependant, l'usufruit n'a pas que des avantages. La gestion sera-t-elle satisfaisante ? Sans reprendre l'image des vieilles dames usufruitières aux mains débiles et inexpertes[27], est-il bon de laisser la gestion de biens productifs aux aînés ? On constate à travers la prédilection contemporaine pour l'usufruit, ce que des auteurs qualifient parfois de gérontophilie : une faveur marquée et constante pour le troisième voire le quatrième âge, parfois de nature à remettre en cause le pacte entre les générations sur lequel est en partie fondé le fameux modèle social français.

14. **La donation transgénérationnelle.** Depuis le 1er janvier 2007, une donation-partage peut être faite au profit de descendants de générations différentes et

26. F. Douet, *Droit fiscal de la famille*, 4e éd., Litec 2005, n° 1897.
27. J. Carbonnier, *Droit civil*, t. 2 : *Les biens. Les obligations*, PUF, coll. « Quadrige », 2004, n° 764, p. 1690.

associer enfants et petits-enfants du vivant même des enfants (C. civ., art. 1075-1, issu de la loi 2006-728 du 23 juin 2006). Dans ce cas, les enfants doivent, toutefois, consentir dans l'acte de donation-partage à ce que leurs propres descendants soient allotis en leur lieu et place, que ce soit en tout ou partie (C. civ. art. 1078-4, al. 1er, issu de la loi 2006-728 du 23 juin 2006). Le nouvel article 784 B du CGI prévoit que, lorsqu'une donation-partage est faite à des descendants de degrés différents, les droits sont liquidés en fonction du lien de parenté entre l'ascendant donateur et les descendants allotis. Le fiscal, suivant sur ce point le droit civil réformé, fait apparaître une image élargie de la famille, mais uniquement dans le cas d'une solidarité voulue et non pas légale. Il s'agit aussi de tenir compte de l'allongement de la durée de la vie qui réduit l'intérêt de l'héritage pour les enfants.

15. **Droit prospectif.** De manière plus générale et prospective, une diminution des taux paraît nécessaire afin d'améliorer l'acceptation de cet impôt. C'est ce que les gouvernements successifs ont tenté de réaliser. La diminution, voire la suppression pour les plus proches parents, des droits de mutation aurait, en outre, pour intérêt de réduire l'intérêt des montages d'optimisation fiscale, sans doute lucratifs pour les conseils, mais sources d'insécurité juridique, moralement douteux, et finalement coûteux.

B – Les donations non familiales

16. **Les nouvelles frontières.** Les mutations à titre gratuit sont taxées lorsqu'elles profitent à des tiers. La notion de non parent présente une originalité en droit fiscal par rapport au droit de la famille et par rapport au sens commun. En outre, certains aspects des droits de donation peuvent être discutés.

17. **Le PACS.** Faut-il parler du pacte civil de solidarité (PACS) ? La question n'aurait peut-être pas dû se poser si l'on avait supprimé les droits de mutation de manière générale. Mais les choses étant ce qu'elles sont, que dire aujourd'hui ? Il suffit de rappeler que l'abattement est aujourd'hui de 57 000 €. Quid au-delà de l'abattement ? La part nette taxable revenant au partenaire lié au donateur ou au testateur par un pacte civil de solidarité défini à l'article 515-1 du code civil est soumise à un taux de 40 % pour la fraction n'excédant pas 15 000 € et à un taux de 50 % pour le surplus (article 777 bis CGI).

En outre, il faut constater que les avantages fiscaux du PACS sont ouverts sans période de stage, dès la première année, tout en gardant en mémoire que ces avantages ne sont cependant pas acquis définitivement. Le bénéfice de l'application de ces taux est, en effet, remis en cause lorsque le pacte prend fin au cours de l'année civile de sa conclusion ou de l'année suivante pour un motif autre que le mariage entre les partenaires ou le décès de l'un d'entre eux (article 777 bis, al. 2 CGI).

18. **Les tiers.** Quant aux tiers, non parents et non pacsés, ou parents au-delà du 4e degré, le taux d'imposition est de 60 %, sans autre abattement que le petit abattement subsidiaire de 1 500 €. L'État est donc mieux servi. Ce qui fait dire à certains, non sans excès, qu'il est alors le véritable bénéficiaire.

Pourquoi taxer davantage les libéralités faites à des tiers ? Le principe d'égalité devant l'impôt et le principe de non discrimination dans l'accès à la propriété[28] ne devraient-il pas faire obstacle à une telle différence de traitement ? Ce serait oublier un peu vite que le principe d'égalité n'a jamais interdit de traiter différemment des personnes se trouvant dans une situation différente. La protection de la famille vaut bien encore un impôt. Si le droit civil admet désormais la validité de la libéralité faite à une concubine adultère, même aux fins d'établir ou de rétablir des relations que la morale élémentaire prohibait, il n'y a pas si longtemps, le droit fiscal persévère à frapper ces mutations au prix fort, à savoir 60 %. On peut, toutefois, craindre que le rempart fiscal ne console guère les membres de la famille bafouée, voire qu'il ne tienne peut-être plus très longtemps.

19. **Des contournements aisés.** Par ailleurs, certains actes sont trop taxés, tandis que d'autres le sont insuffisamment. Le régime fiscal de l'assurance-vie est particulièrement favorable. L'institution permet un contournement des règles du droit commun aussi aisé que profitable. Les sommes, rentes ou valeurs quelconques dues directement ou indirectement par un assureur, à raison du décès de l'assuré, donnent lieu au paiement des droits de mutation par décès suivant le degré de parenté existant entre le bénéficiaire à titre gratuit et l'assuré à concurrence de la fraction des primes versées après l'âge de soixante-dix ans qui excède 30 500 € (article 757 B CGI). Le Conseil des impôts dans son rapport 1998 a soutenu l'idée d'un élargissement de l'assiette des droits de mutation à titre gratuit, compensé par un adoucissement du barème. L'élargissement de l'assiette, conduit essentiellement à l'intégration de la totalité des sommes versés au titre d'un contrat d'assurance-vie. Si les droits étaient supprimés ou très diminués au sein de la famille mais maintenus à l'égard des tiers, l'assurance-vie ne serait plus avantagée mais ne serait pas davantage pénalisée fiscalement.

20. **L'incitation à la générosité.** La générosité est sans aucun doute une vertu. Toutefois, la générosité est une vertu qui mérite parfois, à en croire le législateur, d'être orientée voire stimulée. De nombreux systèmes d'exonération poursuivent des finalités spécifiques en incitant les individus à donner certains de leurs biens.

On pense, par exemple, à la transmission d'entreprise. Selon une disposition récente (article 790 A CGI), sont exonérées de droits de mutation à titre gratuit, sur option des donataires, les donations en pleine propriété de fonds artisanaux, de fonds de commerce, ou de clientèles d'une entreprise individuelle ou de parts ou actions d'une société, à concurrence de la fraction de la valeur des titres représentative du fonds ou de la clientèle, sous certaines conditions. On peut penser aussi aux donations à caractère culturelle ou philanthropique. Il faut reconnaître que, désormais, la France n'a plus grand-chose à envier aux États-Unis, en matière d'incitation à la générosité publique. Seul reste l'obstacle de la culture et, sans doute quelques-uns des règles d'organisation des fondations qui demeurent contraignantes[29].

---

28. Protégé notamment par l'article 1er du 1er protocole à la Convention européenne des droits de l'homme.
29. Voir R. Geiss, *Fondations : le retard français*, Institut Montaigne 2003.

À côté du soutien à la consommation et de l'incitation à la transmission d'entreprise, le législateur fiscal incite les donateurs à contribuer à la création d'entreprise. Il s'agit de favoriser la fameuse initiative économique. À compter du 1er janvier 2006 et jusqu'au 31 décembre 2010 seront exonérées d'impôt, dans la limite de 30000 € les donations de sommes d'argent consentis en faveur d'enfants, petits-enfants, arrières petits enfants ou encore de neveux et nièces[30], majeurs, si les fonds sont affectés à l'activité professionnelle du donataire (article 790 A CGI). Si la donation est bien réalisée au sein de la famille, il faut bien admettre que sa finalité n'est pas familiale mais économique. Le législateur prétend permettre le financement de nouvelles activités et favoriser ainsi la création d'entreprise.

Lorsqu'un gouvernement américain a pensé, il y a quelques années, supprimer les droits de succession, les représentants des fondations américaines se sont présentés pour lui expliquer que cela ruinerait le système d'incitation à la générosité du public en place aux États-Unis. En définitive, les droits de mutation apparaissent comme une forme de règle incitant les personnes à penser à leur succession, voire les incitant à être généreux. Cela peut être un argument en faveur non pas d'une suppression mais d'une réduction des droits de mutation à titre gratuit. L'important serait alors de maintenir un avantage comparatif en faveur des donations par rapport à la succession *ab intestat*. La différence de traitement inciterait ainsi à organiser sa succession plutôt que de laisser la loi s'en charger au moment du décès.

21. **En guise de conclusion**. Les droits de mutation donnent une image étroite de la famille : enfant et conjoint survivant rassemblés autour du logement. Le resserrement des liens dans ce cadre limité pourrait conduire à une réduction si ce n'est à une suppression des droits de mutation à titre gratuit entre proches parents. Au-delà, pour différentes raisons, le maintien des droits paraît se justifier. Une telle réforme serait sans doute coûteuse et ne pourrait se réaliser dans un court laps de temps. Elle pourrait cependant avoir des effets bénéfiques, qui ne demandent qu'à être évalués, sur la société et sur l'économie.

Post-scriptum :

La loi n° 2207-1223 du 21 août 2007, dite loi TEPA, a apporté des modifications importantes aux règles qui ont fourni la matière de l'étude reproduite ci-dessus. La loi exonère désormais le conjoint survivant des droits de succession (voir *supra* n° 3). Les réversions d'usufruit au profit du conjoint survivant relèvent des droits de mutation par décès (CGI art. 796-0 quater nouveau). Autrement dit, concrètement le conjoint survivant bénéficie d'une exonération. Les abattements sont très largement réévalués. Par exemple, l'abattement personnel bénéficiant aux enfants et aux ascendants passe de 50000 € à 150000 € (*CGI art. 779, I.* Voir *supra* n° 7). L'abattement global de 50000 € profitant collectivement au conjoint et aux héritiers en ligne directe est supprimé (*Loi n° 2007-1223 du 21 août 2007, art. 8, I*). Cela ne nuit pas au conjoint qui est exonéré de manière générale. Les abattements seront

30. À condition que l'oncle ou la tante donateur soit sans descendance.

désormais révisés tous les ans. Ses modifications sont d'importance dans la mesure où elles devraient conduire à voir 95 % des patrimoines transmis sans aucun droit de mutation à titre gratuit.

L'abattement spécifique de 57 000 euros dont bénéficiaient les frères et sœurs est remplacé par une exonération soumise à des conditions identiques (*CGI art. 796-0 ter nouveau*. Voir *supra* n° 8).

Les donations consenties depuis l'entrée en vigueur de la loi, à savoir depuis le 22 août 2007, entre partenaires liés par un PACS sont soumises au même régime que les donations entre époux (voir *supra* n° 17).

Les donations de sommes d'argent consenties en pleine propriété au profit de descendants ou, en l'absence de descendant, au profit des neveux ou nièces sont exonérées de droits de donation. Pour bénéficier de l'exonération, il faut que le donateur ait moins de 65 ans et que le bénéficiaire de la donation soit majeur ou mineur émancipé (*CGI art. 790 G nouveau*. Voir *supra* n° 10).

Toutefois à bien y réfléchir, si l'on peut approuver ces mesures dans leur ensemble, elles constituent des allégements et non des suppressions de droits. Elles restent importantes notamment si l'on prend en considération le remplacement de certains abattements par une pure et simple exonération. Dans l'ensemble, les conclusions formulées plus haut peuvent être maintenues. Le conjoint survivant sort à nouveau renforcé dans ses droits. Les enfants seront moins concurrencés par le fisc. On peut toutefois regretter un nouvel alignement du PACS sur le mariage.

Index

Les auteurs

AYRAULT **Ludovic**, professeur à la faculté de droit, Université de Rennes 1.

BRARD **Yves**, professeur de droit public, Université du Maine.

CHAMBAS **Gérard**, chargé de Recherches CNRS-CERDI (Centre d'Études et de Recherches sur le Développement International), Université d'Auvergne.

COMBES **Jean-Louis**, professeur d'économie, Université d'Auvergne.

DE CROUY-CHANEL **Emmanuel**, professeur de droit public, Université de Picardie.

DE LA MARDIÈRE **Christophe**, professeur de droit public, Université de Bourgogne.

DOUET **Frédéric**, maître de conférences à la faculté de droit de l'Université de Caen et directeur du master droit des assurances de la faculté de droit de Caen.

GARNIER **Florent**, professeur d'histoire du droit, Université d'Auvergne.

MATHEY **Nicolas**, professeur de droit privé, Université d'Auvergne-Clermont I.

RIGAUDIÈRE **Albert**, membre de l'Institut, professeur émérite de l'Université Panthéon-Assas Paris 2.

SÉRANDOUR **Yolande**, professeur de droit privé, Université de Rennes I.

TURULL RUBINAT **Max**, professeur d'histoire du droit, faculté de droit, Université de Barcelone.

VERDÉS PIJUAN **Pere**, Institut Milá Fontanals – Consejo Superior de Investigaciones Cientificas, Barcelone.

Table des matières

Ouvrage achevé d'imprimer
sur les presses du service reprographique
de l'université Rennes 2 Haute Bretagne
en juillet 2009

Imprimé en France